W0233630

Kochen mit

Dieses Buch gehört:

Kochen mit

Rezepte und Tricks
von früh bis spät
für kleine und große
Küchenhexen

© 2001 KIDDINX Studios Berlin. Lizenz durch KIDDINX Merchandising GmbH
© 2001 Buchagentur „Pumuckl" von Ellis Kaut. Lizenz durch MM Merchandising München GmbH

Die Deutsche Bibliothek – CIP Einheitsaufnahme
Ein Titeldatensatz für diese Publikation ist bei der Deutschen Bibliothek erhältlich.

© 2001 Dino entertainment AG
www.DinoAG.de
Alle Rechte vorbehalten

© 2001 KIDDINX Studios GmbH, Berlin
Lizenz durch KIDDINX Merchandising GmbH,
Winterhuder Weg 29, 22085 Hamburg
Umschlaggestaltung: Petra Hille und Andrea Zank/HamppMedia GmbH, Stuttgart
Lektorat: Petra-Marion Niethammer/Dino entertainment AG, Stuttgart
Layout: Petra Hille/Hampp Media GmbH, Stuttgart
Satz und Herstellung: Oleg Kovalevski, pws Print- und Werbeservice Stuttgart GmbH, Stuttgart
Redaktion und Texte: Marion Krause/Hampp Media GmbH, Stuttgart
Geschichten: Rocco Kaminsky, Stuttgart
Illustrationen: KIDDINX Studios GmbH, Berlin
Neue Illustrationen und Extras: Stefan Ohmstede, Hannover, und Sibylle Mayer, Stuttgart
Fotos: Achim Käflein, Freiburg
Rezeptnachweis: Sonja Mutter: Seite 14-16, 19-21, 26, 28, 30, 31, 34, 40, 41, 42, 43, 47, 48, 52, 60, 62-64, 66-71, 76, 78, 82-84, 88; Redaktion: Seite 17, 18, 32, 33, 50, 51, 77, 80, 81, 85-87, 89-91; Achim Schwekendiek: Seite 29, 35, 44-46, 54
Repro: Bild und Text Baun, Fellbach
Druck und Bindung: Neue Stalling, Oldenburg

ISBN 3-89748-483-8
Dieses Buch wurde auf chlorfreiem, umweltfreundlich hergestelltem Papier gedruckt.

Inhalt

Die Rezeptautoren:

Sonja Mutter ist staatlich geprüfte städtische Hauswirtschaftsmeisterin und leidenschaftliche Köchin. Alle Rezepte in diesem Buch wurden von ihrem Sohn Christoph (9 Jahre) erprobt.

Der Sternekoch Achim Schwekendiek kocht in seiner Freizeit gerne zusammen mit seinen drei Söhnen. Besonders wichtig ist ihm dabei, den Kindern zu zeigen, wie viel Spaß Kochen macht, ihre Kreativität anzuregen und ihnen auf spielerische Weise Kenntnisse über gesunde Ernährung zu vermitteln.

Von morgens bis abends ...

Wer kennt Bibi Blocksberg noch nicht? Bibi ist ein 13-jähriges Mädchen, das mit Mutter Barbara und Vater Bernhard in Gersthof, einem Vorort von Neustadt, wohnt. Eigentlich ist sie ganz normal, wäre da nicht eine Kleinigkeit, die sie von allen anderen Kindern der Stadt unterscheidet: Bibi Blocksberg ist eine kleine Hexe, eine Junghexe. Auch ihre Mutter Barbara ist eine Hexe – von ihr hat sie das Hextalent geerbt. Das kann nur von Hexen-Müttern an ihre Töchter weitergegeben werden. Männer haben keine Chance. Ihr könnt euch denken, dass Vater Bernhard es nicht immer leicht mit seinen beiden Frauen hat, die durch ihre Hexereien ständig für Aufregung und Trubel sorgen. Trotzdem ist Bernhard stolz auf Bibi und Barbara. Wie gut, dass Bibis hexische Missgeschicke durch Mutter Barbara oftmals wieder aus der Welt geräumt werden. Es gibt aber noch andere Hexen, die Bibi kennt. Althexen mit viel Erfahrung und Junghexen, die noch nicht so gut hexen können und es mit dem Hexunterricht nicht immer so genau nehmen.

Bibi besucht mit ihren Freunden Florian, Marita und Moni die 7. Klasse der Neustädter Schule. Frau Müller-Riebensehl, ihre Mathelehrerin, ist recht streng und mag es nicht, wenn Bibi zu viel hext. Doch im rechten Augenblick ist auch sie von Bibis Hexkünsten angetan. Dann gibt es da noch Karla Kolumna, die rasende Reporterin, die stets neuen und aufregenden Geschichten für die Zeitung auf der Spur ist. Dabei hat sie es oft mit dem Bürgermeister und seinem Sekretär Pichler zu tun. Wobei zu erwähnen ist, dass das Stadtoberhaupt eine ganz eigene Sichtweise davon hat, wie eine Stadt regiert werden muss.

Mutter Barbara kocht häufig nach alten Hexen-Rezepten. Schwefeldämpfe ziehen dann bis in die Häuser der Nachbarn, und ihr könnt euch vorstellen, dass diese davon nicht gerade begeistert sind. Und auch Bibi und ihr Vater Bernhard mögen es lieber ganz normal. Was Bibi besonders gerne isst, steht in diesem Buch. Da es besser ist, öfter und regelmäßig, aber dafür weniger zu essen, hat Bibi alles in die fünf Mahlzeiten des Tages eingeteilt. Jedes Kapitel beginnt mit einer Geschichte und endet mit einer Aktionsseite, damit ihr bei all der Kocherei auch eure Köpfe und Glieder anstrengen könnt.

Viel Spaß dabei!

Das ABC kleiner Küchenhexen

Essen hexen ist eigentlich verboten, das weiß Bibi. Und so greift sie selbst zu Kochlöffel, Schneidebrett oder Pfannenheber und all dem, was eine Küchenhexe eben so braucht. Und schnell hat Bibi gemerkt, wie viel Spaß Kochen macht. Noch schöner ist es, wenn sie mit ihren Freundinnen zu zweit, zu dritt, zu viert … in der Küche werkelt. Natürlich gibt es dabei die eine oder andere Überraschung. Deshalb ist gute Vorbereitung ein Grundgesetz fürs Kochen. Damit bei euren ersten Kochversuchen nichts schief geht, lest euch die folgenden Seiten mit Tipps und Tricks genau durch.

Küchengeräte

Backofen • Gekocht wird nicht immer nur auf der Herdplatte oder Gasflamme. Auch im Backofen lassen sich leckere Gerichte überbacken, besonders dann, wenn Käse schmelzen soll. Vergesst nicht das Vorheizen auf die richtige Temperatur, denn nur dann stimmen die im Buch angegebenen Backzeiten.

Backblech/Backschiene • Je nachdem, in welcher Einschubhöhe das Gericht im Backofen garen soll, könnt ihr es auf das Backblech oder die Backschiene stellen bzw. legen. Steht im Rezept kein Vermerk, ist die Einschubhöhe egal.

Dunstabzugshaube • Beim Kochen entstehen Gerüche und Düfte, die einem oft schon vorher das „Wasser im Munde zusammenlaufen" lassen. Manchmal riecht es aber auch nicht so gut, besonders, wenn mit heißem Fett oder Öl gekocht wird. Da ist es besser, wenn ihr die Dunstabzugshaube über dem Herd anschaltet.

Eieruhr • Eine sehr praktische Erfindung! Mittels Eieruhr könnt ihr exakt die vorgegebene Koch- oder Backzeit einstellen. Ist die Zeit abgelaufen, werdet ihr durch ein schrilles Klingeln daran erinnert, dass etwas auf oder im Ofen steht. So kann nichts anbrennen.

Feuerfeste Form • Wenn ihr etwas im Ofen überbackt, nehmt nicht irgendeine Schüssel oder Form. Ihr solltet unbedingt darauf achten, dass das benutzte Geschirr feuerfest ist, denn nicht alle Schüsseln halten die hohen Temperaturen aus.

Handmixer/Küchenmaschine • Die machen das Kochen (und Backen) zu einer leichten und zügigen Angelegenheit, denn es muss nicht von Hand gerührt und gequirlt werden. Für Pfannkuchenteig, Brei, Eischnee oder Schlagsahne bestens geeignet.

Kochlöffel • Manchmal muss eine Zutat ganz vorsichtig untergerührt oder untergehoben werden. Das geht mit dem Mixer natürlich nicht. Hier, und vor allem, wenn im heißen Topf gerührt wird, nehmt ihr den Kochlöffel. Ob aus Holz oder Plastik ist dabei egal.

Kochtöpfe • Töpfe gibt es in allen möglichen Varianten: in Groß und in Klein, hohe und flache. Je nachdem, was ihr kochen wollt und wie viele hungrige Esser erwartet werden, müsst ihr den Richtigen aus dem Topfschrank aussuchen.

Messbecher/Küchenwaage • Manche Köche schaffen es nach vielen Jahren Erfahrung, die Zutaten so „Pi mal Daumen" zusammenzurühren und ein tolles Gericht zu zaubern. Kochanfänger sollten sich aber unbedingt an die angegebenen Abmessungen halten. Dazu sind Messbecher oder Küchenwaagen nützlich, weil ihr auf der Mess-Skala genau ablesen könnt, wie viel Mehl, Zucker oder Flüssigkeit ihr im Becher habt.

Messer • Messer gibt es ganz verschiedene. Ganz große und ganz kleine, Messer mit und ohne „Sägezähne". Mit einem kleinen Küchenmesser lässt sich Gemüse sehr gut schnippeln. Achtung: Messer sind scharf, und beim Schneiden müsst ihr deshalb ganz besonders aufpassen, damit wirklich nur das Gemüse und nicht eure Finger klein geschnitten werden.

Obst-/Gemüseschäler • Obst- und Gemüseschäler eignen sich besonders, um nur eine ganz dünne Schale von Obst, Gemüse oder Kartoffeln abzuschälen. So bleiben die wertvollen Vitamine, die meistens direkt unter der Schale stecken, weitestgehend erhalten. Wegen der Vitamine solltet ihr Obst mit der Schale essen, aber denkt daran, das Obst vorher gut zu waschen.

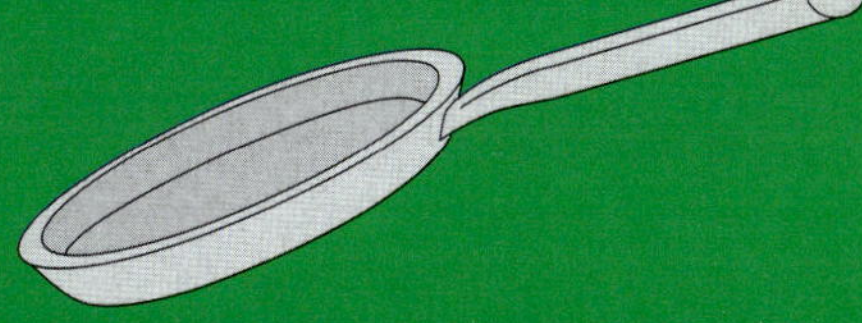

Pfannen • Auch hier gibt es alle möglichen Größen und Arten. Gusseiserne Pfannen haben schon eure Vorfahren benutzt. Die modernen Teflonpfannen – übrigens ein Ergebnis der Weltraumforschung – eignen sich besonders für das fettarme Braten und Kochen.

Pfannenwender • Wenn ihr Eier oder Pfannkuchen in der Pfanne umdrehen wollt, benutzt ihr den Pfannenwender. Einfach vorsichtig unterschieben und dann schwungvoll in der Luft gedreht. So wird auch die andere Seite knusprig.

Quicheform • Dies ist eine feuerfeste Form, die wie eine Tortenform aussieht. Hiermit lassen sich leckere herzhafte Kuchen (Quiche) backen.

Quirl • Zwischen den Handflächen hin und her gedreht, könnt ihr mit dem Quirl flüssige Speisen oder Zutaten mixen. Vor allem dann, wenn ein elektrischer Handmixer viel zu stark wäre und alles verspritzen würde.

Reibeisen • Je nachdem, was ihr reiben wollt, gibt es ganz verschiedene Küchenreiben. Reiben mit kleinen und großen Löchern und verschiedenen Löcherformen. Auch Scheiben oder Raffel kann man mit einer Küchenreibe schnell herstellen. Wenn ihr Zitronenschalen reibt, müsst ihr eine Reibe mit ganz kleinen Löchern benutzen. Vorsicht: Auch hier hat sich schon so mancher Koch einen Finger aufgerieben.

Schneebesen • Ein Rührgerät, das bei gekonnter Handhabung im Notfall sogar den elektrischen Handmixer ersetzen kann.

Schürze • Damit eure Kleidung sauber bleibt, bindet eine Küchenschürze um. Das spart Wäsche, denn so mancher Küchenfleck – zum Beispiel von Fett oder Obst – lässt sich nicht mehr entfernen. Wäre doch wirklich ärgerlich, wenn das Lieblingshemd oder T-Shirt auf diese Weise schmutzig wird, oder?

Schüsseln • Schüsseln und Schüsselchen braucht ihr in allen möglichen Größen zum Servieren, aber auch beim Kochen, um einzelne Zutaten bereitzustellen.

Schneidebrett • Wäre doch wirklich unverzeihlich, wenn ihr die Küchenplatte durch Messerschnitte ruiniert. Also, legt beim Schnippeln und Schneiden immer ein Schneidebrett drunter.

Sieb • Manchmal ist das wichtig, was im Sieb drin ist, etwa beim Waschen von Obst, Gemüse und Salat, oder beim Abgießen von Nudelwasser. Und manchmal ist das wichtig, was unten aus dem Sieb herausläuft, zum Beispiel bei Soßen, bei denen die Klümpchen herausgefiltert werden.

Topflappen • Kochen bedeutet immer auch HEISS! Damit ihr eure Hände nicht verbrennt oder verbrüht, nehmt zum Anfassen der heißen Töpfe, Pfannen oder Auflaufformen immer Topflappen oder Topfhandschuhe.

Waffeleisen • Waffeln erhalten ihr richtiges Muster und die Form erst im Waffeleisen. Das klappt man auf, gibt unten den Teig ganz dünn hinein und verschließt es dann wieder. Auf beiden Seiten wird dann Hitze zugeführt, und die Waffel wird schön gleichmäßig gebacken.

Zitrus-Presse • Zitronen oder Orangen presst ihr in der Zitruspresse aus. Den Saft könnt ihr dann gut abmessen.

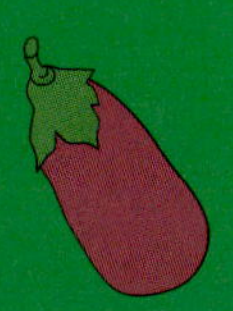

Abkürzungen

EL = Esslöffel
TL = Teelöffel
g = Gramm
ml = Milliliter
l = Liter
Msp = Messerspitze
TK = Tiefkühl

leicht

mittelschwierig

schwierig

Grundgesetze des Kochens

- Sicherlich muss man euch nicht daran erinnern, dass ihr vor dem Kochen und auch zwischendurch immer saubere und gewaschene Hände habt. Oder? Denkt auch daran, immer wieder mal euren „Arbeitsplatz" abzuwischen.
- Bevor ihr mit dem Kochen beginnt, lest euch das ausgewählte Rezept genau durch: Habt ihr wirklich alle Zutaten und Geräte parat? Reicht das Gericht für die geplanten Esser aus, werden alle satt?
- Geht dann beim Kochen Schritt für Schritt vor, so kommt ihr zum Ziel.
- Seid ihr zu zweit oder zu dritt in der Küche, sprecht euch ab, wer welche Arbeit übernimmt.
- Vermutlich ist auch dieser Hinweis überflüssig, denn ihr habt längst gewusst, dass abspülen, Arbeitsplatz putzen, aufräumen und Müll entsorgen nach dem Kochen selbstverständlich dazugehören.

Sicher ist sicher!

- Damit alle heil bleiben und nichts kaputt geht, gibt es beim Kochen einige Sicherheitshinweise, die ihr immer beachten solltet:
- Stiele von Pfannen und Töpfen immer zur Wand, damit keiner sie beim Vorbeigehen herunterreißt und sich verbrüht.
- Gießt niemals kaltes Wasser in heißes Fett! Das könnte eine Stichflamme und schlimmste Verletzungen nach sich ziehen.
- Achtung beim Gebrauch scharfer Messer. Konzentriert euch beim Schnippeln und Schneiden und gebt Acht, dass ihr euch nicht aus Versehen anrempelt.
- Füllt Töpfe nie bis zum obersten Rand, sonst könnten sie überlaufen. Verwendet lieber gleich einen größeren Topf.
- Topfhandschuhe oder -lappen bewahren euch vor Verbrennungen.
- Vorsicht auch beim Hantieren mit elektrischen Geräten. Benutzt sie wirklich nur, wenn ihr diese gut beherrscht, oder lasst euch von euren Eltern oder anderen Erwachsenen helfen.
- Wasserhähne, Herdplatten, Backofen oder Gasflamme müssen nach jedem Gebrauch wieder abgedreht werden. Versichert euch besser zweimal, dass ihr abgeschaltet habt.

Wichtige Begriffe

abschmecken • ist ungefähr das Gleiche wie würzen. Meist mit Pfeffer und Salz, aber auch mit Kräutern. Haltet euch beim Abschmecken etwas zurück, denn am Schluss sollte jeder Esser noch nach seinem eigenen Geschmack nachwürzen können.

abschrecken • geschieht mit kaltem Wasser, das man zum Beispiel über Nudeln oder gekochte Eier gießt. Nudeln kleben dann nicht so, und Eier lassen sich besser pellen.

anbraten • Gemüse, Fleisch, Bratkartoffeln werden meist in etwas heißem Öl oder Fett angebraten, damit sich die Poren schließen und alles etwas knusprig ist. Dann wird die Hitze zurückgedreht oder Flüssigkeit dazugegeben.

blanchieren • ist das kurzzeitige Eintauchen von Gemüse in kochendes Wasser. Danach mit kaltem Wasser abschrecken, so bleibt die Farbe erhalten.

frittieren • ist das Eintauchen von Fleisch oder Gemüse in heißes Fett. Dadurch schließen sich die Poren, und das Frittiergut wird schön knusprig. In der Regel benutzt man hierfür eine Fritteuse.

garen • ist der Oberbegriff für alle Arten, wie aus rohen Lebensmitteln gekochte, gedünstete, gebratene, geschmorte oder gedämpfte werden.

garnieren, also das Essen schön auf Platten oder Schüsseln anrichten und leicht verzieren, solltet ihr euer fertiges Gericht immer, denn „das Auge isst mit" und so lockt ihr viele Esser an den Tisch.

glasig dünsten • bedeutet, etwa bei Zwiebeln, dass ihr diese in wenig Fett und durch Hitze dazu bringt, dass sie glasig aussehen.

kochen und köcheln • ist das Garen in viel Flüssigkeit. Beim Köcheln wird mit wenig Hitze „mit kleinen Blasen" gekocht.

naschen • gehört zum Kochen und Backen dazu, denn ihr müsst ja prüfen, ob der Geschmack stimmt. Aufpassen, dass genug übrig bleibt.

putzen und waschen • solltet ihr alles Gemüse und Obst vor dem Zubereiten gründlich.

steif schlagen • kann man zum Beispiel Eiweiß zu Eischnee. Das macht die Speise insgesamt schön locker. Ob ihr lange genug steif geschlagen habt, merkt ihr, wenn ihr mit dem Messer in den Eischnee schneidet und der Schnitt sichtbar bleibt. Auch Schlagsahne schlägt man steif.

stocken • lässt man zum Beispiel Omelettes, wenn man durch wenig Hitzezufuhr den „Eiglibber" fest werden lässt.

unterheben/unterziehen • heißt: nicht rühren, sondern ganz, ganz sachte untermischen.

verquirlen • bedeutet, dass etwas ganz schnell zu einer einheitlichen Masse verrührt wird.

vorheizen • müsst ihr den Backofen, damit beim Einschieben eures Gerichtes bereits die gewünschte Temperatur erreicht ist.

würzen • ist das A und O der Kochkunst. Durch Zugabe von Pfeffer, Salz, Gewürzen und Kräutern verleiht ihr dem Gericht die besondere geschmackliche Note.

zubereiten • ist der Oberbegriff für alle eure Anstrengungen in der Küche, damit aus euren Zutaten ein leckeres Essen wird.

KAPITEL 1

Frühstück am Abend

Es ist Samstagabend und Bibi telefoniert gerade mit ihrer Freundin Moni. Da kommt Barbara Blocksberg in Bibis Zimmer. „Hör sofort auf zu quasseln, Bibi! Moni kommt doch morgen zum Frühstück zu uns, da müsst ihr nicht die ganze Zeit an der Strippe hängen! Sonst könnt ihr euer Frühstück ja gleich heute Abend machen!"

Bibi kichert, flüstert noch etwas in den Hörer und legt dann auf. Vater Bernhard und Mutter Barbara sind mittlerweile ins Bett gegangen. Aber was macht Bibi jetzt? Plötzlich kommt sie mit Tassen und Tellern aus der Küche und fängt an, den Tisch zu decken. Dann schleicht sie leise durch den Flur und öffnet die Wohnungstür. Moni steht vor dem Haus der Blocksbergs! „Moni, schön, dass es geklappt hat!", flüstert Bibi leise. Etwas bedrückt sagt Moni: „Ach Bibi, so was Dummes. Eigentlich wollte ich morgen früh frische Brötchen mitbringen. Aber um diese Zeit hatte ja keine Bäckerei mehr auf, und nun haben wir nichts zu essen!" „Kein Problem", sagt Bibi, „dann hex ich uns eben was. Eene meene Pfötchen, kommt her ihr frischen Brötchen. Eene meene kleiner Knilch, auf dem Tisch steht leckre Milch. Hex-hex!"

Und schon stehen auf dem Tisch ein Krug Milch und zwei Körbe mit frischen Brötchen.

Lustig. Da sitzen Bibi und Moni nachts am Esstisch und frühstücken. Doch plötzlich kommt Mutter Barbara ins Zimmer. „Ja, was ist denn hier los? Bibi, was hat das zu bedeuten?" „Aber Mami, du hast doch selbst gesagt, dass wir das Frühstück gleich heute Abend machen könnten", sagt Bibi, „und da hab ich Moni gefragt, und ihre Eltern hatten auch nichts dagegen." „So war das doch nicht gemeint", sagt Barbara Blocksberg. „Aber eigentlich eine nette Idee, so ein Frühstück mitten in der Nacht. Ich glaube, ich setze mich kurz zu euch und esse noch eine Kleinigkeit. Bei diesem Anblick bekomme ich direkt Frühstücks-Appetit."

Sonntagspuffer

Für 10 bis 15 Stück braucht ihr:

600 ml Milch
1 Prise Salz
1/2 TL abgeriebene Zitronenschale
190 g Milchreis
3 EL Zucker
etwas Zitronensaft
2 Äpfel (am besten Boskoop)
1 Ei
4 Schälchen Birnenkompott oder euer Lieblingskompott
Öl zum Braten

Wochenende! Alle schlafen aus, nur eine einzige Person werkelt bereits in der Küche und sorgt als Frühaufsteher für gute Laune. So kann der gemeinsame Tag mit der Familie oder den Freunden beginnen.

- Die Apfelraspel und das Ei unter den abgekühlten Milchreis ziehen.
- Die Butter in der Pfanne erhitzen und kleine Puffer ausbacken.
- Mit Kompott serviert schmecken die Puffer erfrischend und lecker.

Tisch decken

Nicht vergessen: Den Tisch rechtzeitig decken und mit dem Backen der Sonntagspuffer erst beginnen, wenn alle am Tisch sitzen. Denn nur so können alle die leckere Überraschung heiß und frisch genießen und ihr habt gemeinsam Spaß.

Zubereitung:

- Die Milch mit Salz, abgeriebener Zitronenschale (siehe Seite 34) und Reis bei mäßiger Hitze und unter Rühren zum Kochen bringen.
- Alles etwa 25 Minuten quellen lassen und dann den Topf zum Auskühlen beiseite stellen.
- Inzwischen die Äpfel waschen, schälen, das Kerngehäuse ausschneiden, raspeln und gleich mit Zitronensaft beträufeln, damit sie nicht braun werden.

Schokoflakes

Zubereitung:

- Cornflakes, Schokoflakes, Haferflocken, Kakao-Instant-Pulver und Schokoladen-stückchen zu gleichen Teilen auf vier Müslischalen verteilen.
- Die Milch immer erst kurz vor dem Verzehr übergießen, sonst wird alles zu Babybrei.
- Wenn ihr eure Mischung am Vorabend oder als größeren Vorrat zubereitet, dann verschließt alles luftdicht, sonst ziehen die Cornflakes die Luftfeuchtigkeit an und werden ziemlich „unknusprig".

Wer kennt das nicht? Auf den letzten Drücker aufgestanden und wenig Zeit, das Frühstück zuzubereiten. Da sind Cornflakes und Müslis eine schnelle und gesunde Sache. Clevere Langschläfer bereiten schon am Vorabend ihre Mischung vor.

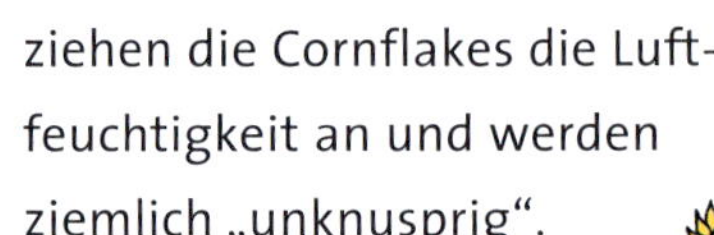

Tropisches Früchtemüsli

Für 1 Portion braucht ihr:

125 g Mango und/oder anderes Obst (z.B. Honigmelone, Ananas, Banane, Kiwi)
75 g Naturjoghurt
1 gehäufter TL Weizenkleie
1 gehäufter TL Weizenkeime
etwas Zitronensaft
1 Msp gemahlene Vanille (Bioladen oder Reformhaus)
etwas Honig zum Süßen

Obstfans kommen hier schon am frühen Morgen in Schwung. Damit es nicht nur Vitamine hagelt, gebt der Mischung auch Getreide als Kohlenhydrat- und Ballaststoffspender zu.

Zubereitung:

- Die Mango und die weiteren verwendeten Früchte schälen und in kleine Würfel schneiden.
- Das Obst mit Zitronensaft beträufeln, damit es nicht braun wird.

- Den Joghurt mit den Weizenkeimen, der Vanille, dem Honig und der Weizenkleie gut verrühren.
- Achtung! Einige exotische Obstsorten entwickeln beim Mischen mit Milchprodukten Bitterstoffe. Damit euch dies nicht passiert, gebt das Obst grundsätzlich erst kurz vor dem Verzehr auf die Joghurtcreme.

Cerealien

Sicher habt ihr dieses Wort schon öfter gelesen, insbesondere auf Packungen mit Getreide drin. Genau das trifft den Kern, denn es handelt sich dann meistens um irgendeine Art „Körnerfutter", wie zum Beispiel Müsli-Riegel oder Cornflakes. Kurz gefasst sind Cerealien Gerichte oder Speisen aus Getreideflocken.

Guten-Morgen-Pfannkuchen

Zubereitung:

Wenn dieser Duft durch das Schlüsselloch zieht, braucht ihr keinen Wecker mehr. Ein Pfannkuchenteig ist selbst morgens fix gerührt.

- Buttermilch, Eier, Mehl, Backpulver, Salz und abgeriebene Zitronenschale (siehe Seite 34) in eine Schüssel geben und mit dem Handmixer alles zu einem geschmeidigen, dickflüssigen Teig verrühren.
- Fett in einer Pfanne erhitzen und für einen Pfannkuchen etwa eine Suppenkelle Teig (je nach Größe der Pfanne) hineingeben und so insgesamt 4 Pfannkuchen von beiden Seiten ausbacken.
- Die fertigen Pfannkuchen beiseite stellen.
- Die Erdbeeren waschen, abtupfen und in kleine Stückchen schneiden.
- Erdbeerstückchen in eine Schüssel geben, mit dem Vanillezucker und dem Zucker bestreuen und etwa 15 Minuten ziehen lassen.
- Pistazien- und Pinienkerne vorsichtig unter die Erdbeeren mischen.
- Jeden Pfannkuchen mit den Erdbeeren füllen, dann zusammenschlagen und anrichten.
- Wer es eilig hat oder es lieber mag, kann die Pfannkuchen mit dem Ahornsirup versüßen oder verzieren.
- Ein Klecks Schlagsahne sorgt für den besonderen Pfiff.

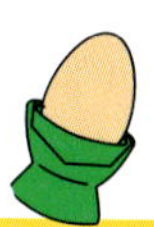
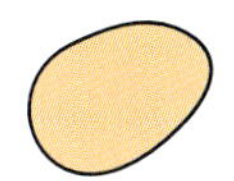

Bruncheier

Diese eher deftige Mahlzeit eignet sich besonders für die Zeit zwischen Frühstück und Mittagessen, wenn es für das eine schon zu spät und für das andere noch zu früh ist.

Zubereitung:

- Die Putenschnitzel in einer Pfanne anbraten.
- Die Förmchen buttern und den Backofen auf 175 Grad/Umluft 150 Grad vorheizen.
- Das gebratene Fleisch fein würfeln und auf die Förmchen verteilen.
- Die Paprika waschen, putzen, klein würfeln und auf die Förmchen verteilen.
- Eier mit Sahne und Käse verquirlen, mit Salz und Pfeffer abschmecken und die Petersilie unterrühren.
- Die Eiermasse in die Förmchen füllen und 20 Minuten auf der mittleren Schiene des Backofens garen, bis die Eier gestockt sind.

Brunch

Brunch ist was für Langschläfer, denn es ist eine Mischung aus langem und reichhaltigem Frühstück (englisch: Breakfast) und Mittagessen (englisch: Lunch). Wer so ausgiebig frühstückt, kann dann auf das Mittagessen verzichten.

Verhextes Ei im Glas

Für 4 Portionen braucht ihr:

1,5 l Wasser
2 EL Salz
4 EL Essig
8 frische! Eier
4 Saftgläser

Gekochte Eier einmal anders und ein echter Hextrick: Die Küchenchefin hat den Gästen bereits das Schälen der Eier vor dem Kochen abgenommen. Und im Glas gleicht dann kein Ei mehr dem anderen.

Zubereitung:

- Das Wasser mit Salz und Essig in einem großen Topf zum Kochen bringen.
- Je ein Ei in eine Schöpfkelle schlagen und vorsichtig in das Wasser gleiten lassen.
- Bei geringer Hitze 3 Minuten garen.
- Die fertigen Eier mit einer Schaumkelle herausnehmen und immer 2 Eier in einem Glas servieren.
- Schmeckt prima auf Toastbrot!

Ganz wichtig!

Für dieses Eiergericht dürft ihr wirklich nur ganz frische! Eier – am besten direkt vom Markt oder vom Bauern – verwenden. Die Eier im Supermarkt sind meistens schon etwas älter. Ob ein Ei frisch ist, könnt ihr feststellen, indem ihr es in ein Glas Wasser legt: Bleibt es unten auf dem Boden des Glases liegen, ist es frisch. Beginnt es sich vom Boden des Glases zu heben, ist es älter. Schwimmt es auf der Wasseroberfläche, ist das Ei eindeutig zu alt.

So wird´s gemacht:

Das Ei vorsichtig in eine kleine Schöpfkelle aufschlagen.

Das Ei behutsam aus der Kelle in das kochende Wasser gleiten lassen.

Das fertige Ei mit der Schaumkelle herausheben und in einem Glas servieren.

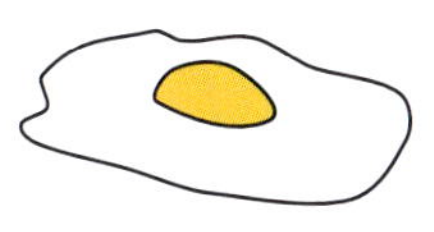

Zeit	Mittwoch	Freitag	Montag	Donnerstag	Dienstag
11.00 Uhr	Escnglih	ecutshD	kiMsu	nenTur	Boiogile
07.00 Uhr	eDuchts	tahMe	Eisgnlch	euschtD	Wkener
07.55 Uhr	oliogeBi	kisuM	Gehshiccte	einchZen	erWken
09.45 Uhr	nurTen	chesichGte	atheM	Erndedku	nTenur
08.50 Uhr	kunErdde	schliEng	schuetD	aMhet	athMe
10.30 Uhr	uaPes	suPea	esuaP	auseP	uPsea

Ganz schön durcheinander!

Ist Bibi noch zu müde? Eigentlich wollte sie alle Schulhefte, Bücher und Stifte in ihre Schultasche hexen, aber irgendwie hat sie sich gewaltig geirrt. Hier stimmt ja überhaupt nichts mehr! Helft Bibi, ihren Stundenplan wieder in Ordnung zu bringen, damit sie ihre Schultasche richtig packen kann. Bringt die Wochentage und Stunden erst einmal in die richtige Reihenfolge und sortiert die Buchstaben der Schulfächer. Die Fächer stehen alle bei der richtigen Uhrzeit und dem richtigen Wochentag.
(Lösung: Seite 94)

Wie ist es richtig?

Bibi hat sich bestimmt etwas vertan. Welcher Hexspruch brachte den Stundenplan so durcheinander?

1. Eene meene Morgengruß – alles in den Ranzen muss! Hex-hex!

2. Eene meene Rumpelzahn – verhexe schnell den Stundenplan! Hex-hex!

3. Eene meene Kohlenasche – fertig ist die Schülertasche! Hex-hex!

(Lösung: Seite 94)

Schulexpress oder Schneckenpost?

Wie gelangt Bibi in die Schule, wenn sie es besonders eilig hat? Löst das Bilderrätsel und ihr wisst Bescheid (Lösung: Seite 94).

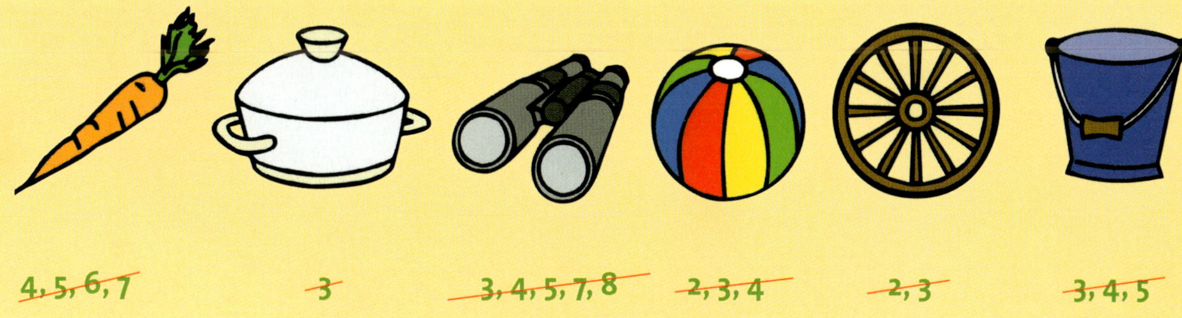

4, 5, 6, 7   3   3, 4, 5, 7, 8   2, 3, 4   2, 3   3, 4, 5

KAPITEL 2

Rettung in der Pause

Gerade hat es zur Pause geläutet, und alle Schüler strömen auf den Schulhof. Bibi steht etwas abseits mit Frau Müller-Riebensehl, die ihr einen Besen in die Hand drückt. Gestern auf dem Schulausflug hatte Bibi verbotenerweise gehext. Zur Strafe muss sie ab heute zwei Wochen lang den Hof kehren. Doch dazu hat Bibi überhaupt keine Lust. Heimlich tauscht sie den Schulbesen durch Kartoffelbrei aus. „So, Kartoffelbrei", sagt Bibi, „du hast den Schulhof doch schnell gekehrt. Eene meene Schluderei, kehr den Hof, Kartoffelbrei. Alle Ecken, alle Ritzen, sollen sofort sauber blitzen! Hex-hex!"

In Windeseile fegt Kartoffelbrei über den Schulhof und kehrt den Schmutz zusammen. Bibi rennt inzwischen zu Moni und Marita. Nach ein paar Minuten bemerkt Bibi, dass irgendetwas los ist, denn eine große Gruppe von Schülern hat sich vor dem Schulgebäude versammelt. Aber zum Glück geht es nicht um Kartoffelbrei. Der kehrt noch immer in einer Ecke des Schulhofes vor sich hin. Nein, alle schauen hoch zum Schuldach. Sofort sieht Bibi, was los ist. Ein kleines Kätzchen hat sich auf das Dach der Schule verirrt und kommt nicht mehr herunter. Bibi rennt zu Kartoffelbrei. „Eene meene rote Beeren, Schluss ist mit dem Schulhofkehren. Eene meene mei, flieg los, Kartoffelbrei. Hex-hex!"

Und schon fliegt Bibi hoch zum Dach. „Hab keine Angst, meine Kleine", sagt Bibi zu dem Kätzchen und setzt es sich auf den Schoß. Nach der Landung auf dem Schulhof wird sie von ihren Schulkameraden mit Beifall begrüßt. Doch schon bahnt sich Frau Müller-Riebensehl einen Weg durch die Menge: „Bibi Blocksberg, was hast du jetzt schon wieder angestellt?" „Ich habe doch nur das Kätzchen vom Dach gerettet. Das musste doch einer tun!" Und weil Frau Müller-Riebensehl mit Bibi in diesem Punkt übereinstimmt, erlässt sie ihr sogar eine Woche Hofkehren.

 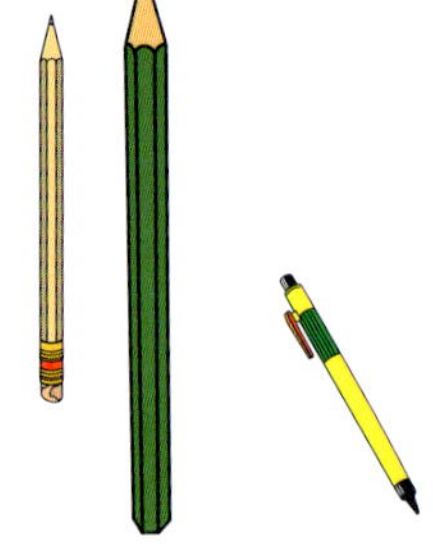

Pausen-Spieße

Pro Spieß braucht ihr:

4 kleine runde Pumper-
nickel
Butter zum Bestreichen
je 1 Holzspieß (Schaschlik-
spieß kürzen)

Und je nach Belieben
Gemüsespieß
1 Radieschen
1 Cocktailtomate
1 Scheibe Gurke
1 Scheibe Kohlrabi
1 Scheibe Karotte
1 Scheibe Salami

Obstspieß
Erdbeere
Melonenschnitz
Kiwischeibe
gelbe Trauben
blaue Trauben
Orangenschnitz

Käsespieß
4 Käsewürfel
blaue Trauben
gelbe Trauben

Super schnell, super praktisch, super einfach, super ver-
wandelbar, super erfrischend, super lecker sind die
Spieße zum Mitnehmen für jede Gelegenheit. Da werden
selbst Gemüsemuffel zugreifen!

Zubereitung:

- Pumpernickel mit Butter bestreichen und vierteln.

- Die Schaschlikspieße so kürzen, dass sie in eine Dose zum
Mitnehmen passen.
- Die Zutaten der Reihe nach
aufstecken.
- Für den Gemüsespieß: Pumpernickel, Radieschen, Pumpernickel, Cocktailtomate, Gurke,
Pumpernickel, Salami, Pumpernickel, Camembert.

- Für den Obstspieß: Pumper-
nickel, Erdbeere, Pumpernickel,
Melone, Kiwi, Pumpernickel,
Traube, Pumpernickel, Orange.

- Für den Käsespieß: Pumpernickel, Traube, Käse usw.
- Oder einfach nach Lust
und Laune kombinieren.

Magischer Apfel

Auch ohne Hexkraft lässt sich dieses Pausenfrühstück leicht zubereiten. Probiert doch auch mal die Füllung mit anderen Trockenfrüchten und Nüssen.

Zubereitung:

- Die Äpfel waschen und mit einem Apfel-Ausstecher das Kerngehäuse entfernen.

- Die Schnittstellen mit Zitronensaft beträufeln, damit sie nicht braun werden.
- Die Datteln hacken und mit den Sesamkörnern, der Weizenkleie und den Haferflocken vermischen.
- Diese Mischung in die Äpfel füllen.
- Jeden Apfel einzeln in Alufolie einwickeln, so ist er bestens zum Mitnehmen präpariert.

Bibis Lieblings-Obstsalat

Für 4 Portionen braucht ihr:

200 g frische Erdbeeren
2 Kiwi
2 Bananen
1 Sternfrucht
2 dicke Scheiben Ananas
1 reife Mango
$1/2$ Melone in Kugeln oder Würfeln
2 TL gehobelte und geröstete Mandeln
4 Blättchen Minze

Warum nicht mal Obstsalat statt Pausenbrot – oder Obstsalat plus Pausenbrot? Das Obst im folgenden Rezept dürft ihr natürlich gegen euer Lieblingsobst austauschen.

- Alle Obststückchen vorsichtig mischen und die Mandeln unterheben.
- Den Salat in Dosen für das Pausenfrühstück füllen.
- Der Obstsalat eignet sich auch als toller Nachtisch für zu Hause.

Dazu den Fruchtsalat auf Tellern oder Glasschalen anrichten, mit Mandeln bestreuen und mit Minze garnieren.

- Besonders schön sieht der Salat auch in der ausgehöhlten Melonenschüssel aus.

Zubereitung:

- Die Erdbeeren waschen, putzen und vierteln.
- Die Kiwis und die Bananen schälen, die Kiwi und die Banane in Scheiben schneiden.
- Die Sternfrucht in Scheiben, die Ananasscheiben in Stückchen schneiden.
- Mango schälen und in Stückchen schneiden.
- Aus dem Melonenfruchtfleisch Bällchen ausstechen oder Würfel schneiden.

Schichtbrote

Das klassische Schulbrot einmal anders. Mit tollen Ideen und verschiedenen Zutaten lassen sich so viele Varianten ausprobieren. Bestimmt freuen sich auch Papa und Mama über so ein „selbst gebautes" Pausenbrot fürs Büro.

Für 1 Brot braucht ihr:

3 kleine Scheiben Roggen-
vollkornbrot
Frischkäse
$1/_2$ Apfel
Zitronensaft
1 Blatt Kopfsalat
1 Scheibe Putenschinken
oder jeden anderen
Schinken
4 Partysticker
4 Radieschen als Mäuschen

Radieschenmäuse

Wenn ihr Radieschenmäuse machen wollt, müsst ihr ein-fach das Grün bis auf ein kleines Stück abschneiden. Den weißen Faden auf der anderen Seite als Schwänzchen dran lassen. Dann mit einem spitzen Messer auf beiden Seiten von oben nach unten eine kleine Scheibe anschneiden und als Mäuseohren ausklappen. Nun in Augenhöhe nur noch je ein kleines Loch bohren und ein Pfefferkorn hinein-stecken – fertig ist die Radieschenmaus.

Zubereitung:

- Die Brote mit Frischkäse be-streichen.
- Den Apfel in dünne Scheiben schneiden, mit Zitrone beträufeln und auf eine Scheibe Brot legen.

- Die zweite Scheibe Brot auf die Äpfel klappen.
- Das Salatblatt und darauf den Schinken garnieren.
- Die dritte Scheibe Brot darauf klappen.

- Das Schichtbrot zweimal dia-gonal schneiden, sodass vier Dreiecke entstehen, und mit den Partystickern zusammenstecken.
- Oben jeweils ein Radieschen-mäuschen aufsetzen.

Gemüseburger

Für 1 Burger braucht ihr:

1 Sesambrötchen
1 Kopfsalatblatt
1 Scheibe Bergkäse oder jeden anderen Hartkäse
1 Scheibe Fleischtomate
2 große Scheiben Salatgurke
3 bis 4 Scheiben hart gekochtes Ei
Majonäse aus der Tube

Es kann ruhig mal sehr „gemüsig" sein auf dem Brötchen. So gibt es Vitamine für kluge Gedanken und Durchhaltevermögen bis zum Schulschluss!

Namensvielfalt

Brötchen ist der hochdeutsche Begriff, aber in den einzelnen Regionen gibt es die unterschiedlichsten Bezeichnungen. Zum Beispiel: Weck, Weckle, Brötle, Wecken, Schrippe, Semmel oder Rundstück. Wie sagt ihr dazu?

Zubereitung:

- Das Brötchen halbieren.
- Die untere Brötchenhälfte der Reihenfolge nach mit dem Salatblatt, der Käsescheibe, der Tomatenscheibe und den Gurkenscheiben belegen.
- Zuletzt die Majonäse über die Eier verteilen.
- Brötchendeckel aufsetzen.
- Am besten in Alufolie verpackt mit in die Schule nehmen, damit der Burger nicht auseinander fällt.
- Übrigens: Gurkenscheiben könnt ihr größer hexen, wenn ihr sie schräg abschneidet!

Radieschen-Klapp-Stulle

Schneiden, streichen, belegen, klappen. Ruck, zuck ist diese Stulle fertig. Jedes andere Gemüse, ob Karotten, Gurken oder Kohlrabi lässt sich hier verwenden. Ein einfaches Käsebrot ist so im Nu aufgepeppt.

Zubereitung:

- Die Brotscheiben mit der Kräuterbutter bestreichen.
- Radieschen gründlich waschen, putzen, in Scheiben schneiden und auf einer der beiden Brotscheiben verteilen.
- Das Salatblatt abwaschen, abtropfen lassen und auf die andere Brotscheibe legen.
- Das Kressesträußchen auf die Radieschen geben.
- Beide Brotscheiben aufeinander legen und halbieren.

Leckere Brotaufstriche

Es muss nicht immer Wurst oder Käse sein. Ein selbst zubereiteter Brotaufstrich lädt eure Pausennachbarn bestimmt zum Mit-Naschen ein.

Karotten-Brot-Aufstrich

Für 4 Portionen braucht ihr:

200 g Karotten
1 Bund Schnittlauch
150 g Quark
1 EL Schmand oder Crème fraîche
1 TL Zitronensaft
Salz und Pfeffer
4 Scheiben Vollkornbrot

Zubereitung:

- Die Karotten waschen, schälen und mit einer Reibe fein raspeln.
- Den Schnittlauch waschen und in kleine Röllchen schneiden.
- Den Quark mit Zitronensaft und Schmand cremig rühren.
- Die Karottenraspel und die Schnittlauchröllchen unter den sahnigen Quark heben.
- Alles mit Salz und Pfeffer abschmecken und auf die Brotscheiben streichen.

Eier-Tomaten-Aufstrich

Für 4 Portionen braucht ihr:

4 Eier
1 kleine Zwiebel (wer's mag)
2 EL Schmand oder Crème fraîche
2 kleine Tomaten
Salz und Pfeffer
1 Bund Petersilie

Zubereitung:

- Eier hart kochen (etwa 8 Minuten), kalt abschrecken, pellen, auskühlen lassen und sehr klein hacken.
- Die Zwiebel in sehr kleine Würfel schneiden und mit dem Schmand unter die Eier rühren.
- Die Tomaten waschen, den Stielansatz entfernen, fein würfeln und ebenfalls unter die Eiermischung heben.
- Alles mit Salz und Pfeffer abschmecken und die gehackte Petersilie untermischen.
- Dazu passt Vollkorn- oder Schwarzbrot.
- Einen Teil der gehackten Petersilie oder einige Stängel zur Dekoration der bestrichenen Brote verwenden.

Milchreis für unterwegs

Für 4 Portionen braucht ihr:

1 l Milch
1 Prise Salz
$1/2$ TL abgeriebene Zitronenschale
110 g Rundkornreis
20 g Butter

Zum Verfeinern

6 EL Zimt-Zucker (gemischt) oder Kompott (z. B. Apfelmus, Kirschen, Birnen)

Zubereitung:

- Die Milch mit Salz, abgeriebener Zitronenschale und Reis bei mäßiger Hitze unter Rühren zum Kochen bringen.
- Etwa 25 Minuten bei kleiner Hitze ausquellen lassen.
- Butter unterrühren.
- Den fertigen Milchreis abkühlen lassen und in die vorgesehenen Pausen-Dosen zum Mitnehmen füllen. Erst veschließen, wenn der Milchreis vollständig kalt ist.
- Je nach Geschmack mit Zimt-Zucker bestreuen oder das Kompott zuerst in die Dose und den Milchreis darüber füllen. Das geht natürlich auch umgekehrt: den Milchreis einfüllen und das Kompott obendrauf.
- Da der Reis auch in der Dose nachquellen kann, darauf achten, dass er beim Einfüllen in die Dosen nicht bereits zu körnig und zu trocken, sondern noch cremig ist. Eventuell noch etwas Milch dazugeben.
- Wer den Milchreis am Vorabend vorbereitet, stellt ihn über Nacht in den Kühlschrank.

Zitronen reiben

Kaum zu glauben, aber die Schalen von Zitronen – und übrigens auch von Orangen – kann man essen. Man beißt aber nicht einfach rein, sondern reibt nur die farbige Schicht der Schale auf einer feinen Küchenreibe ab. Hier steckt nämlich das Zitronenaroma drin, das der Speise einen besonderen Pfiff verleiht. Das Weiße schützt die Frucht vor dem Austrocknen. Vorher muss die Zitrone unter fließend heißem Wasser abgewaschen werden. Achtet darauf, dass ihr stets unbehandelte Zitronen oder Orangen kauft.

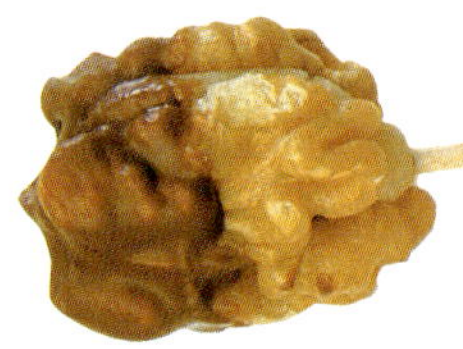

Walnuss-Sticks

Das braucht ihr:

40 g Rohmarzipan
10 g Puderzucker
8 Walnusskerne
150 g Vollmilchkuvertüre
Cocktailspieße

Nüsse sind gut fürs Gehirn, Schokolade gibt Energie. Beides zusammen schmeckt – übrigens auch als Betthupferl prima geeignet. In diesem Fall das Zähneputzen nicht vergessen!

Zubereitung:

- Marzipan mit Puderzucker vermengen. Das geht am besten, wenn ihr beide Zutaten zuerst mit einer Gabel verdrückt und dann mit den Händen knetet.

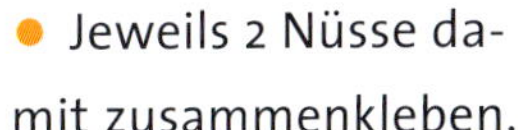

- Jeweils 2 Nüsse damit zusammenkleben.
- Die Kuvertüre schmelzen (siehe unten).
- Nusskerne auf die Spießchen stecken und in die geschmolzene Kuvertüre tauchen.

Kuvertüre schmelzen

Kuvertüre schmilzt man im Wasserbad. Das heißt, dass man die Kuvertüre in eine Tasse oder kleine Schüssel gibt und diese Schüssel in einen größeren Topf mit heißem Wasser stellt. Die Schokolade verträgt sich nämlich nicht mit Wasser! Und nur im Topf, direkt auf der Herdplatte, brennt Kuvertüre an!

Große, weite Welt!

Bibi und ihre Freunde bereiten sich auf die nächste Unterrichtsstunde vor. Oje, Geografie! Welche Kontinente gibt es, und wo liegen berühmte Orte? Nun, das ist ganz schön knifflig. Helft Bibi dabei, die Städte richtig auf der Weltkarte einzuordnen. Wenn ihr euch nicht ganz sicher seid, seht in einem Atlas nach.

London ( )	Paris ( )	Moskau ( )	Berlin ( )
New York ( )	Istanbul ( )	Tokio ( )	Madrid ( )
Rom ( )	Peking ( )	Pretoria ( )	Sydney ( )

(Lösung: Seite 94)

Sucht auch die Orte, in denen ihr mit euren Familien schon im Urlaub gewesen seid!

Stehen geblieben!

Wie bekommt ihr eure Köpfe in der großen Pause frei von Rechenaufgaben, Vokabeln und Grammatik? Am besten geht das, wenn ihr euch viel bewegt. Das gibt Sauerstoff und macht die Gehirnzellen munter. Toll und spaßig sind natürlich gemeinsame Spiele wie Gummihopsen, Himmel und Hölle oder Fangspiele.
Ein Fangspiel geht so:
Ihr markiert auf dem Pausenhof mit Kreide einen größeren Kreis, der genug Platz zum Rennen ohne Rempelei bietet (je nach Anzahl der Mitspieler). Einer von euch ist der Fänger, alle anderen bewegen sich *im* Kreis. Wen der Fänger berührt hat, der erstarrt auf der Stelle und darf sich keinen Millimeter mehr bewegen. Wer als Letzter übrig bleibt, ist der nächste Fänger. Wichtig ist, dass die stehenden Figuren nicht von den anderen umgerannt werden.

Wer ist wer?

Auch Bibi hat ihre Freunde und Bekannten erstarren lassen. Wisst ihr, wer hier wer ist?
(Lösung: Seite 94)

Besenwettkampf

Endlich mal wie Bibi einen Hexenbesen haben! Nun ja, richtig darauf durch die Lüfte sausen und hexen, das kann nur Bibi. Aber Spiele mit dem Besen könnt ihr auch machen. Bildet zwei gleich große Teams von je 4 bis 5 Mitspielern. Jede Mannschaft hat einen großen Besen zur Verfügung. Steckt eine Laufstrecke mit Wendepunkt ab und lauft um die Wette: erst jeweils ein Kind, dieses lädt bei der Rückkehr ein weiteres auf, diese dann wieder ein weiteres …, so lange, bis alle mit aufsitzen. Das erfordert gutes Zusammenspiel. Wer ist als Erster im Ziel?

Kapitel 3

Hexerei vor dem Mittagessen

Bibi ist auf dem Heimweg von der Schule. Sie sieht Peter wie wild auf den Boden stampfen. „Weg mit dir, du blöde Spinne!" Bibi ist entsetzt. „Hör auf! Du willst doch wohl nicht die arme Spinne zertreten." Peter schaut böse zu Bibi. „Hast du Angst, dass ich dein Mittagessen kaputtmache? Hexen essen doch Spinnen, oder?", und dann lacht er laut.

Bibi wird rot im Gesicht. Ziemlich sauer sieht sie aus. Ihre Augen blitzen. „Eene meene Rabenschrei, Peter eine Spinne sei. Hex-hex!"

So, der wird keiner Spinne mehr etwas antun, denkt Bibi und sieht gerade noch, wie eine kleine Spinne ins Gebüsch huscht. Dann macht sie sich auf den Heimweg.

Als sie zu Hause ankommt, wartet Mutter Blocksberg schon mit dem Mittagessen. Sie merkt sofort, dass etwas nicht stimmt. „Bibi, ich kenne doch diesen Gesichtsausdruck. Was ist los?" Dann erzählt Bibi, was gerade passiert ist. Barbara ist außer sich. „Bibi! Du kannst doch nicht einfach jemanden in eine Spinne verwandeln. Das müssen wir sofort in Ordnung bringen!"

Eilig fliegen Mutter Barbara auf ihrem Besen Baldrian und Bibi auf Kartoffelbrei zur Schule zurück. Schon von weitem sehen sie Peters Schultasche auf dem Boden liegen. Beide setzen nun zur Landung an. „So, jetzt bring die Sache wieder in Ordnung", sagt Barbara. Bibi beginnt sofort zu hexen: „Eene meene Krabbelei, die Spinne wieder Peter sei. Hex-hex!"

Plötzlich sitzt Peter unmittelbar in der Nähe auf einem Baum. Bibi hilft ihm beim Heruntersteigen. „Es tut mir Leid, Peter. Ich meine das mit dem Verhexen." „Macht nichts Bibi, ich hätte auch nicht nach der Spinne treten dürfen. Geschieht mir eigentlich ganz recht." „Trotzdem ist es nicht richtig, einfach jemanden zu verhexen, bloß weil man sauer ist", sagt Bibi.

Mit dieser Entschuldigung ist auch Mutter Barbara zufrieden. „Komm Peter! Setz dich zu mir auf den Besen, und dann bringen Bibi und ich dich nach Hause. Keine Angst, Fliegen tut nicht weh." Peter freut sich, dass die Geschichte so glimpflich ausgegangen ist. Und schon fliegen die drei los.

Spaghetti mit kunterbunter Sommer-Soße

Zubereitung:

- Die Zwiebel schälen und fein würfeln.
- Das Öl in einem Topf erhitzen, die Zwiebelwürfel zugeben und glasig dünsten.
- Die Zucchini waschen und in dünne Scheiben schneiden.
- Die Scheiben zu den Zwiebeln geben und mit der Brühe ablöschen.
- Alles bei geschlossenem Deckel 5 bis 8 Minuten bei mittlerer Hitze garen.

Spaghetti in allen Varianten kommen nicht nur bei Schulkindern gut an. Wer könnte nicht jeden Tag Nudeln essen? Damit es auf Dauer nicht langweilig wird, könnt ihr mit verschiedenen Soßen stets ein neues Gericht herbeihexen. Hier sind die zwei Lieblingsrezepte von Bibi:

- In der Zwischenzeit die Tomaten waschen, den Strunk ausschneiden und in Schnitze schneiden.
- Basilikum waschen, trockenschütteln und grob hacken.
- Tomaten und Basilikum unter die Zucchini mischen, noch etwas mitgaren lassen und zuletzt mit wenig Salz und Pfeffer abschmecken.
- In der Zwischenzeit die Spaghetti in reichlich Salzwasser sprudelnd bissfest kochen, absieben, mit kaltem Wasser abschrecken und in eine vorgewärmte Schüssel geben.
- Die Gemüse-Soße darüber gießen und mit geriebenem Käse bestreuen.

Die Meistgekochte:

Bolognese-Soße

Für 4 Portionen braucht ihr:

100 g geräucherten Bauch-
speck (wer´s mag)
Öl zum Anbraten
1 Zwiebel
1 Karotte
300 g Hackfleisch
1 kleine Dose Tomatenmark
500 g passierte Tomaten
2 Zweige Thymian oder 1 TL
getrockneten Thymian
Salz und Pfeffer
500 g Spaghetti
geriebenen Parmesan

Zubereitung:

- Den Bauchspeck in feine Würfel schneiden und im heißen
Fett anbraten.
- Inzwischen das Gemüse putzen, waschen, fein würfeln und
mit dem Bauchspeck zusam-
men dünsten.
- Das Hackfleisch zu-
geben und bräunen.
- Das Tomatenmark,

die passierten Tomaten und den
Thymian zufügen, mit Pfeffer
und Salz würzen und zugedeckt
45 Minuten köcheln lassen.
- In der Zwischenzeit die Spaghetti in reichlich Salzwasser
sprudelnd bissfest kochen, absieben, abschrecken und in eine
vorgewärmte Schüssel geben.
- Die Thymianzweige (je nachdem ob frisch oder getrocknet)
herausnehmen.
- Die fertige Bolognese-Soße
darüber gießen und mit dem
Parmesan bestreuen.

Tomaten-Tipp

Tomaten gibt es in ver-
schiedenen Formen: Cock-
tail-, Eier-, Flaschen- oder
Fleischtomaten. Im Som-
mer verwendet ihr am bes-
ten frische Tomaten. Zwar
gibt es die roten Früchte
fast das ganze Jahr zu kaufen, aber meistens fehlt
den Wintertomaten der
typische „tomatige" Ge-
schmack. Dann ist es bes-
ser, wenn ihr Tomaten aus
der Dose nehmt.

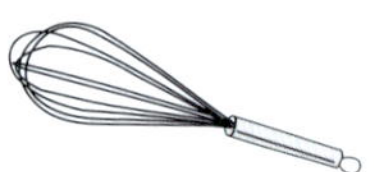

Hörnchennudeln aus dem Ofen

Nudeln aus dem Ofen? Da bleibt nur eins: probieren und begeistert sein. Das passt bestens zu einer Mittagsrunde mit Freundinnen und Freunden, denn alles lässt sich gut vorbereiten und muss dann nur im Ofen garen.

Zubereitung:

● Eine Quiche-Form ausfetten und den Backofen auf 180 Grad/ Umluft 160 Grad vorheizen.

● Das Mehl in eine Schüssel geben, die Butterflöckchen darauf verteilen, das Ei und das Wasser mit den Knethaken des Handmixers unterkneten.

● Zuletzt alles mit den Händen zu einem glatten Teig kneten.

● Zugedeckt im Kühlschrank eine halbe Stunde ruhen lassen.

● Inzwischen die Nudeln in reichlich Salzwasser bissfest kochen und abgießen.

● Die Tomaten waschen, den Strunk von oben herausschneiden und dann kreuzweise einschneiden.

● Den Schinken in feine Streifen schneiden.

● Die Crème fraîche mit der Hälfte des geriebenen Käses verrühren, abschmecken und mit den Nudeln und dem Schinken verrühren.

● Den Teig mit einem Nudelholz ausrollen und in die gefettete Quiche-Form legen.

● Die Nudelmasse darauf verteilen, die Tomaten als Stern garnieren und mit dem restlichen Parmesan bestreut 40 bis 50 Minuten backen.

Bibis bunte Nudelpfanne

So leicht wie Bibi beim Würzen dieser Nudelpfanne habt ihr es natürlich nicht. Aber ehrlich gesagt, auch ohne Hexkraft und fliegenden Besen lässt sich dieses Gericht kinderleicht nachkochen.

Für 4 Portionen braucht ihr:

500 g Farfalle-Nudeln oder andere Nudelformen
100 g Brokkoli-Röschen
1 Karotte
je 1 rote und grüne Paprikaschote
100 g kleine Champignons
100 g Erbsen (TK)
100 g Maiskörner aus der Dose
3 Frühlingszwiebeln
6 Scheiben Schinken
60 g Butter
1 Knoblauchzehe (wer´s mag)
10 Cocktailtomaten
weißen Pfeffer
Salz
2 EL Basilikumblätter

Zubereitung:

● Die Farfalle in einem großen Topf in sprudelndem Salzwasser bissfest kochen, absieben, abschrecken und beiseite stellen.

● Inzwischen das Gemüse putzen, waschen und dekorativ ausschneiden: die Karotten als Sternchen ausstechen, die Paprika in Rauten schneiden, die Frühlingszwiebeln in feine Ringe schneiden.

● Den Schinken in feine Würfel schneiden.

● Das Gemüse nacheinander kurz mit heißem Wasser überbrühen (blanchieren), abgießen und abschrecken. So behält es die Farbe. Anschließend beiseite stellen.

● Die Butter in einer Pfanne erhitzen, die Frühlingszwiebelringe andünsten, die Knoblauchzehe durchdrücken und zugeben.

● Den Schinken unterrühren, die Nudeln in der Pfanne erhitzen, Gemüse und Basilikum dazugeben und erwärmen.

● Die gewaschenen Cocktailtomaten unterrühren und alles mit Salz und Pfeffer abschmecken.

Riesenravioli gegen Riesenhunger

Für 4 Portionen braucht ihr:

Für den Nudelteig
700 g Mehl
300 g Hartweizengrieß, fein
7 Eier
7 Eigelb
10 g Salz
30 ml Olivenöl

Für die Füllung
50 g geräucherten durchwachsenen Speck (wer's mag)
200 g Rinderhack
1 eingeweichtes, ausgedrücktes Brötchen
1 Ei
100 g Spinat
Salz, Pfeffer
1 Eiweiß
2 l Rinderkraftbrühe
2 Brokkoli-Röschen
100 g gekochten Schinken
100 g geriebenen Emmentaler
1/2 Bund gehackte Petersilie

Zubereitung:

● Zuerst den Nudelteig vorbereiten: Dazu das Mehl auf einer Fläche aufhäufen und eine Mulde hineindrücken. Alle Zutaten in diese Mulde geben und mit einer Gabel von innen nach außen mit dem Mehl vermischen. Anschließend den Teig mit den Händen mindestens 10 Minuten kräftig kneten, bis der Teig glatt und seidig ist. In Klarsichtfolie einschlagen und an einem kühlen Ort 1 bis 2 Stunden ruhen lassen.

● Den Speck in kleine Würfel schneiden und anbraten. Den Spinat kurz in wenig Wasser blanchieren und fein hacken. Hackfleisch mit dem Brötchen, Salz, Pfeffer, Ei, Spinat und Speckwürfeln verkneten.

Normalerweise sind Ravioli ja kleine gefüllte Teigtaschen. Gegen den großen Hunger müssen es jedoch Riesenravioli sein, die ganz ohne Hexkraft selbst gemacht werden können. Wenn es mal schnell gehen soll, könnt ihr hierfür ruhig fertigen Nudelteig verwenden!

- Den Nudelteig zu vier gleich großen, dünnen Rechtecken von etwa 40 x 30 Zentimeter ausrollen. Die Füllung in Häufchen gleichmäßig auf zwei Teigplatten verteilen (je Rechteck 20 Häufchen). Den Teig um die Füllung herum mit Eiweiß bestreichen. Die beiden anderen Teigplatten darauf legen, andrücken und um die Füllung herum mit dem Teigrad quadratische Ravioli von etwa 8 x 8 Zentimeter ausschneiden.
- Die Rinderkraftbrühe aufkochen, die Ravioli hineingeben und 8 Minuten ziehen lassen. Den Backofen auf 200 Grad/ Umluft 180 Grad vorheizen.

- Brokkoli in kochendem Salzwasser 3 Minuten kochen und zusammen mit den Ravioli in Suppenteller geben. Etwas Rinderkraftbrühe angießen.
- Den Schinken in feine Streifen schneiden und auf die Ravioli streuen. Dann die gehackte Petersilie darüber geben, zum Schluss den geriebenen Käse. 10 Minuten in den vorgeheizten Ofen schieben.

So wird´s gemacht:

1

Den Nudelteig so lange kräftig durchkneten, bis er schön glatt ist.

2

Vier gleich große Rechtecke ausrollen.

3

Die Füllung auf den Nudelteig geben – am besten mit zwei Teelöffeln.

4

Die Riesenravioli ausschneiden.

Löwenpasta

Für 4 Portionen braucht ihr:

400 g lange Bandnudeln
100 g Champignons
500 g Kalbsgeschnetzeltes
1 Zwiebel
4 EL Öl
Salz und Pfeffer
150 ml Sahne
4 EL Crème fraîche oder Schmand
1 Spritzer Zitronensaft
1 Tomate
1 EL fein geschnittenen Schnittlauch

Zubereitung:

- Die Zwiebel schälen und in feine Würfel schneiden.
- Die Champignons waschen und vierteln.
- Das Geschnetzelte portionsweise bei starker Hitze jeweils 2 bis 3 Minuten anbraten und salzen und pfeffern.
- Das Fleisch mit einer Schaumkelle herausnehmen.

- Die Zwiebelwürfel und die Champignons im Bratfett leicht bräunlich anbraten.
- Die Sahne zugießen und einmal aufkochen lassen. Mit der Crème fraîche zusammen einkochen lassen, bis die Soße die gewünschte Dicke hat.
- Die Soße mit Salz, Pfeffer und Zitronensaft würzen.
- Die Tomate vierteln, den Strunk herausschneiden, entkernen und in feine Würfel schneiden.
- Das Fleisch in die Soße geben und darin erwärmen, aber nicht mehr kochen lassen.

- Die Bandnudeln bissfest kochen, abtropfen lassen.
- Die Nudeln auf Teller verteilen, die Soße in die Mitte geben. Für das Löwengesicht Tomatenwürfel oder Kirschtomaten und Schnittlauch als Augen und Augenbrauen und eine Champignonscheibe als Löwennase dekorieren. Natürlich dürfen auch andere Figuren nach Wahl gelegt werden.

Hawaii-Auflauf

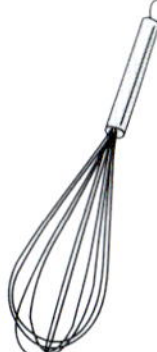

Für 4 Portionen braucht ihr:

250 g Reis
$^1/_2$ l Gemüsebrühe
200 g gekochten Schinken
4 Scheiben Ananas (aus der Dose)
$^1/_4$ l Sahne
3 EL geriebenen Parmesan
Butterflocken

Herzhaft fruchtig ist dieser Reisauflauf. Nach einem langen Schulvormittag ist er genau das Richtige, macht satt und nicht müde. Beste Voraussetzungen dafür, sich gleich an die Hausaufgaben zu setzen.

Zubereitung:

● Eine Auflaufform fetten, den Backofen auf 180 Grad/Umluft 160 Grad vorheizen.
● Den Reis in der Brühe bissfest (nach Packungsanleitung) garen, falls nötig das Restwasser abgießen.
● Inzwischen den Schinken und die Ananas fein schneiden.
● Reis, Schinken, Ananas und Sahne verrühren und alles in die gefettete Auflaufform füllen.
● Mit Käse bestreuen und den Butterflocken belegen.
● Den Schinkenreis 30 Minuten backen.

Pizza mit Herz

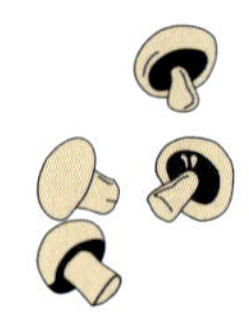

Für 1 große Herzpizza braucht ihr:

Für den Teig
400 g Weizenmehl (Type 1050)
1 Päckchen Backpulver
1 Prise Salz
2 Eier
200 g Magerquark
5–6 EL Olivenöl oder jedes andere Öl

Für den Belag
2 Dosen gewürfelte Tomaten
2 Knoblauchzehen
(wer´s mag)
2 EL Oregano
2 EL Basilikum
Salz und Pfeffer
1 Dose geschnittene Champignons
1 Dose Mais
2 grüne Paprikaschoten
(gewürfelt)
400 g gekochten Schinken
(gewürfelt)
400 g Mozzarella (gewürfelt)

Zubereitung:

● Weizenmehl, Backpulver, Salz, Eier, Magerquark und zuletzt das Olivenöl in eine Schüssel geben.

Genau das Richtige, wenn ihr verliebt seid. Eine extra große Pizza für euch und euren Schwarm. Die Herzpizza ist viel witziger als ein Lebkuchenherz vom Jahrmarkt – und viel leckerer noch dazu. Schmeckt übrigens auch prima, wenn man nicht verliebt ist.

Mit den Knethaken des Handmixers verrühren und zuletzt mit der Hand alles zu einem glatten Teig kneten.

● Den Backofen auf 180 Grad/ Umluft 160 Grad vorheizen.

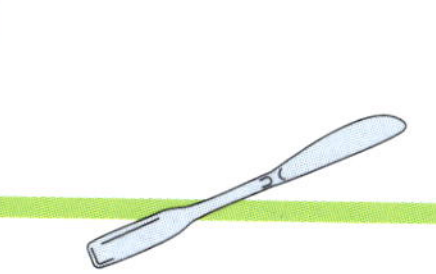

Pizza-Vielfalt

- So eine Pizza lässt sich natürlich zu jeder beliebigen Grundform zuschneiden. Je nach Anlass sind der Fantasie keine Grenzen gesetzt. Für Partys lassen sich aus dem Gesamtteig natürlich auch viele kleine Teigformen herstellen, sodass alle Gäste ihre eigene, unverwechselbare Pizza haben.
- Jeder andere Grundteig (z. B. Mürbeteig oder Hefeteig) kann ebenso in der Form abgewandelt werden.
- Und nicht zuletzt ist auch der Belag vielseitig und nach eigenen Vorlieben veränderbar.

- Das Backblech fetten oder mit Backpapier auslegen.
- Die gewürfelten Tomaten in eine Schüssel geben, den Knoblauch durch die Knoblauchpresse drücken und dazugeben.
- Mit Oregano und Basilikum würzen und abschmecken.
- Die Champignons und den Mais absieben.
- Den Teig ausrollen, aufs Blech legen und vorsichtig eine Herzform ausschneiden. Den Rand etwas hochdrücken oder den „abgeschnittenen" Teig als Rand anfügen.
- Die Tomaten auf dem Teig verteilen.
- Nacheinander die Pizza mit den Champignons, Mais, Paprikaschoten, Schinken und Mozzarella belegen und 30 bis 40 Minuten auf der untersten Schiene backen.

Bibis Lieblings-Burger

Altbekannt und doch immer wieder gut. Selbst gemacht schmecken Hamburger viel besser, ihr werdet sehen. Mit diesem Grundrezept lassen sich auch viele Abwandlungen umsetzen, ob Doppelstock- oder Käseburger: alles ist möglich.

Für 4 Burger braucht ihr:

4 Salatblätter
2 Tomaten
2 Gewürzgurken
1 Zwiebel
500 g Rinderhackfleisch
1 Ei
1 EL Semmelbrösel
Salz und Pfeffer
2 EL Öl
4 Hamburger-Brötchen
oder Sesambrötchen
4 TL Ketchup
4 TL Majonäse

Zubereitung:

- Die Salatblätter waschen und trockenschütteln.
- Die Tomaten waschen, den Stielansatz herausschneiden und in Scheiben schneiden.
- Die Gewürzgurken der Länge nach in Streifen schneiden.
- Die Zwiebel schälen und fein würfeln.
- Das Hackfleisch in eine Schüssel geben und das Ei darüber aufschlagen. Die gehackten Zwiebeln und die Semmelbrösel dazugeben und die Masse mit den Händen gut durchkneten. Alles mit Salz und Pfeffer würzen.
- Aus der Fleischmasse 4 gleich große flache Frikadellen formen.
- Das Öl in der Pfanne erhitzen und die Frikadellen darin von jeder Seite 4 Minuten knusprig braten.
- Die Brötchen aufschneiden, auf der Unterseite den Ketchup verteilen.
- Die Unterseite zuerst mit einem Salatblatt, dann Gurkenstreifen, Tomatenscheiben und der Frikadelle belegen.
- Zuletzt einen Klecks Majonäse auftupfen und den Deckel aufsetzen. Besonders lecker schmeckt natürlich selbst gemachte Majonäse. Wie das geht, steht auf Seite 51.
- Zwiebelfans garnieren zusätzlich mit Zwiebelscheiben.
- Käsefans legen zusätzlich eine Scheibe Käse darüber.

Zwiebel-Tränen

Zwiebel schneiden ist oft recht tränenreich, weil die Dämpfe die Schleimhäute der Augen reizen. Damit das nicht passiert, haltet einfach die geschälte Zwiebel vor dem Zerschneiden unter fließendes, kaltes Wasser. Oder ihr setzt wie Florian eine Taucherbrille auf.

Hexische Gemüsewurzeln

Knusprige Fischstäbchen mal mit einem gesunden Gemüse-salat. Und ganz nebenbei lernt ihr gleich, wie eine Majonäse hergestellt wird. Wichtig: Öl immer nur tropfenweise hinzufügen und rühren, rühren, rühren.

Für 4 bis 6 Portionen braucht ihr:

1/4 l Gemüsebrühe
300 g Knollensellerie
500 g Karotten
250 g Petersilienwurzeln oder
Pastinaken (Wurzelgemüse)
1 kleine Zwiebel
2 Gewürzgurken

Für das Majonäse-Dressing
3 Eigelb
1 TL Senf (je nach Geschmack)
1/2 TL Zucker
Salz und Pfeffer
2 EL Essig
2 EL Sonnenblumenöl oder
jedes andere Öl
300 g saure Sahne

1 Packung TK-Fischstäbchen
Öl zum Braten

Zubereitung:

- Gemüsebrühe in einem Topf zum Kochen bringen.
- Sellerie, Karotten und Petersilienwurzel bzw. Pastinaken waschen, schälen, in grobe Stücke schneiden und etwa 8 Minuten in der Gemüsebrühe kochen.
- Das Gemüse herausnehmen und abkühlen lassen und die Brühe beiseite stellen.
- Für das Dressing das Eigelb in eine Schüssel geben (siehe Seite 53), mit Senf, Zucker, Salz, Pfeffer und dem Essig verrühren.
- Tropfenweise, nach und nach das Öl zugeben und weiter rühren, bis eine Majonäse entstanden ist.
- Die saure Sahne unterrühren und alles mit etwa 3 Esslöffeln der kalten Gemüsebrühe verfeinern.
- Die Zwiebel schälen und in kleine Würfel schneiden, ebenso die Gewürzgurken klein hacken und beides zu dem Dressing in die Schüssel geben.
- Das abgekühlte Gemüse zerkleinern und unter das Dressing heben. Nachwürzen.
- Das Öl in einer Pfanne erhitzen und die Fischstäbchen darin knusprig braun braten.

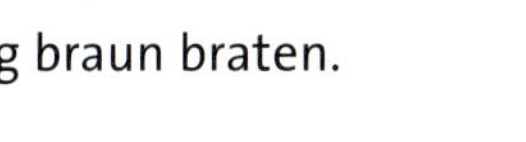

Kartoffeln à la Bibi

Das braucht ihr:

je Füllung 4 gleich große
Kartoffeln

Eierfüllung
2 Eier, getrennt
100 g geriebenen Gouda
Salz und Pfeffer
3 EL Schnittlauchröllchen

Käsefüllung
80–100 g geriebenen Käse
(Sorte nach Wahl)
80–100 g Semmelbrösel
1 Ei
3–4 EL saure Sahne
Salz und Pfeffer
1 Prise edelsüßes Paprikapulver
1–2 EL Milch

Schinkenfüllung
200 g gekochten Schinken
4 Eier
3 EL Milch
Salz und Pfeffer
Butter für die Pfanne
2 EL Schnittlauchröllchen

Diese leckeren Ofenkartoffeln könnt ihr prima vorbereiten. Allerdings hat Bibi ein wenig geschusselt und eine
Kartoffel vergessen. Das darf Küchenhexen natürlich
nicht passieren. Vielleicht probiert ihr das Rezept einmal
zu dritt aus, so dass jeder eine Füllung vorbereitet.

Zubereitung Kartoffeln:

● Die Kartoffeln waschen und je
nach Größe 15 bis 20 Minuten
weich kochen lassen. Achtung!
Kartoffeln nicht zu weich werden
lassen, da diese später mit der Füllung im Ofen noch weiter garen.
● Den gegarten Kartoffeln an
der breiten Seite den Deckel abschneiden, mit einem Löffel das
Innere der Kartoffeln herausholen und mit einer Gabel zerdrücken.

Zubereitung Eierfüllung:

● Den Backofen auf 200 Grad/
Umluft 180 Grad vorheizen.
● Eiweiß zu Schnee schlagen. Den
geriebenen Käse mit dem Eigelb
mischen.
● Das Innere der Kartoffel unter
die Eiermasse rühren.
● Eischnee und Schnittlauch-
röllchen unterheben, in die
Kartoffeln füllen und 15 bis 20
Minuten im Backofen backen.

Zubereitung Käsefüllung:

● Den Backofen auf 200 Grad/
Umluft 180 Grad vorheizen.
● Alle Zutaten mit dem Inneren
der Kartoffel zu einem dickem
Brei verrühren, abschmecken
und in die ausgehöhlten Kartoffeln füllen.

Eier trennen 

Manchmal lest ihr bei Rezeptangaben, dass man die Eier trennen soll oder nur Eiweiß oder Eigelb verwendet wird. Wie gelingt es euch, ein Ei, das in der Tat sehr glibberig ist, so zu trennen, dass am Schluss das Eiweiß in einer Schüssel schwimmt und das Eigelb in einer Eihälfte übrig bleibt? So geht´s: Schlagt ein rohes Ei an einem Schüssel- oder Tassenrand vorsichtig an, sodass ein Riss entsteht. Brecht mit beiden Daumen von oben die Schalenhälften behutsam auseinander. Dabei fließt bereits ein Teil des Eiweißes in die Schüssel. Aufgepasst, dass das Eigelb in einer der beiden Eihälften bleibt. Kippt das Eigelb vorsichtig immer von einer Eihälfte in die nächste, bis nur noch das Eigelb übrig ist und das gesamte Eiweiß in der Schüssel schwimmt. Nehmt die „Hagelschnüre" (auch „Hahnentritt" genannt) zwischen Daumen und Zeigefinger und entfernt sie. Achtung: Wenn ihr aus dem Eiweiß Eischnee schlagen wollt, darf kein einziges Tröpfchen Eigelb drin sein! Sonst wird das Eiweiß nicht steif.

● Die gefüllten Kartoffeln im Backofen 10 bis 15 Minuten garen, bis der Käse geschmolzen ist.

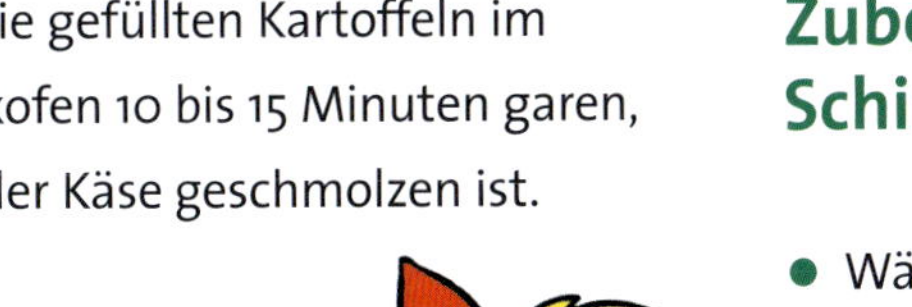

Zubereitung Schinkenfüllung:

● Während die Kartoffeln kochen, den Schinken in feine Würfel schneiden.

● Die Eier mit der Milch verquirlen und mit den Schnittlauchröllchen abschmecken.

● Die Butter in einer Pfanne erhitzen, den Schinken andünsten, das Ei zugeben, stocken lassen und alles mit dem Pfannenheber „zerreißen".

● Die Schinkenfüllung in die heißen, ausgehöhlten Kartoffeln füllen und sofort servieren.

So wird´s gemacht:

Die gegarten Kartoffeln an der breiten Seite aufschneiden.

Die Kartoffeln mit dem Löffel aushöhlen und das Innere herausholen.

Eiermasse und das Kartoffelinnere mischen.

Die Kartoffeln mit der Masse füllen.

Kullerknödel mit Vanillesoße

Diese Hefeknödel sind es wert, dass ihr ein bisschen mehr Zeit investiert. Schließlich geht es um ein süßes Mittagessen mit Vanillesoße, von dem man nicht genug bekommen kann! Ihr könnt ja auch wie Bibi und ihre Freunde eine „Knödelstraße" bilden.

Für ca. 12 Knödel braucht ihr:

250 ml Milch
1 Würfel Hefe
500 g Mehl
1 Prise Salz
2 Eier
50 g weiche Butter
30 g Butter
40 g Zucker
100 ml Wasser

Für die Vanillesoße
1/2 l Milch
1/2 l Sahne
1 Vanilleschote
14 Eigelb
200 g Zucker
1 Prise Salz

Mohnsamen und bunte Streusel zum Bestreuen

Zubereitung:

● Die Milch erwärmen (Achtung: sie darf nicht ganz heiß sein) und die Hefe darin auflösen.

● Mehl, Salz, die 2 Eier und die weiche Butter zugeben und zu einem Teig verkneten. 30 Minuten gehen lassen. Aus dem Teig 12 gleich große Knödel formen und diese nochmals 15 Minuten gehen lassen.

● 30 Gramm Butter mit dem Zucker in einen großen Topf oder in eine große Pfanne geben und auf dem Herd aufschäumen lassen. Die Knödel hineinsetzen, mit dem Wasser ablöschen (Wasser nicht auf die Knödel gießen!). Den Topf fest

zudecken und bei milder Hitze weitere 12 Minuten auf dem Herd stehen lassen. Das Wasser ist nun verdampft und die Klöße haben eine braune Unterseite.

• Für die Soße Milch, Sahne und das Mark der Vanilleschote aufkochen. Eigelb, Zucker und Salz glatt rühren. $\frac{1}{3}$ der kochenden Flüssigkeit unter ständigem Rühren (!!!) in die Eimasse geben und die restliche Flüssigkeit wieder aufkochen. Die Eimasse unter Rühren in die fast kochende Milch geben und so lange weitererhitzen, bis die Masse sämig wird. Dabei immer weiterrühren. (Die Flüssigkeit darf auf keinen Fall nochmal aufkochen, sobald das Ei drin ist, sonst gibt's Rührei!). Anschließend durch ein Sieb in ein anderes Gefäß füllen, da die Resthitze im Topf die Soße sonst gerinnen lässt!

• Schneller und einfacher geht es natürlich mit einer fertigen Vanillesoße oder einem Päckchen Vanillesoßenpulver.

Ihr werdet euch fragen, was ihr mit den 14 übrigen Eiweiß macht. Die könnt ihr zur Lockerung von Kuchen oder für Salzburger Nockerln verwenden. Oder ihr backt leckere Makronen daraus.

So wird's gemacht:

Aus Hefe-Milch, Mehl, Salz, Eiern und Butter einen Teig rühren bzw. kneten.

Aus dem Teig Kullerknödel formen. Mit etwas Mehl an den Händen und auf dem Teig geht es besser.

Die Knödel in einen großen Topf oder eine große Pfanne mit der Butter-Zucker-Mischung geben.

Verrückte Fische

Fischsuppe ist was Leckeres. Aber mal ehrlich, würdet ihr dazu diese Fische verwenden?

Colaflaschendosenfisch
Turnschuhspringseilkegelfisch
Bücherzeitungskugelschreiberfisch
Hexenbesenmotorfisch
Lenkradrückspiegelauspufffisch

Füllerradiergummibleistiftfisch
Einkaufstütenhenkelfisch
Zauberstabmurmelglitterfisch
Erdbeerbananenkarottenfisch
Reifenbälleschleifenfisch

Was fallen euch noch für lustige Arten ein? Malt alle Fische, die hier stehen, und eure Wortkreationen auf, schneidet sie aus und klebt sie auf ein großes, blaues Blatt Papier. Dann schwimmen eure Erfindungen sozusagen mitten im Wasser.

Wer mag was?

Die „Geschmäcker" sind unterschiedlich, das ist altbekannt. Barbara Blocksberg lädt Bibi und ihre Freunde zum Mittagessen ein und verspricht, jedem sein Leibgericht zu kochen. Aber oje, alle wollen etwas anderes. Was muss die Köchin zubereiten, damit es allen schmeckt?
(Lösung: Seite 94)

Wie viele?

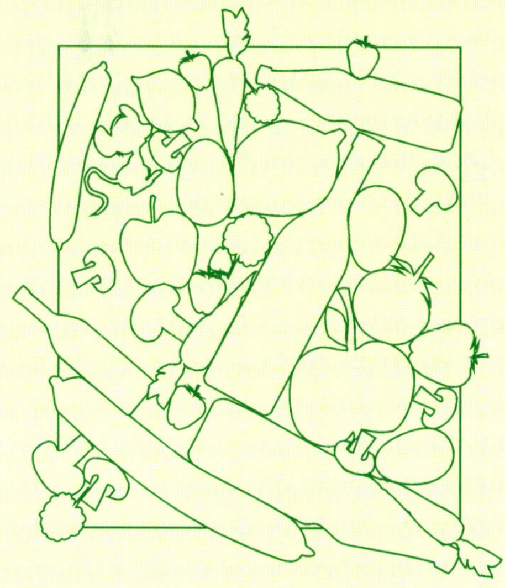

Das war aber ein schwerer Einkauf! Was wurde alles eingekauft und wie viel von jeder Sorte? Und welches Nagetier hat sich da eingeschlichen?
(Lösung: Seite 94)

KAPITEL 4

Abkühlung am Nachmittag

Seit Wochen ist es so heiß in Neustadt, dass der Bürgermeister kostenlos kühle Limonade auf den Straßen verteilen lässt. Das Schlimmste aber ist, dass gerade jetzt das Freibad wegen Renovierung geschlossen hat. Es soll nämlich eine riesige Rutschbahn gebaut werden.

Bibi liegt deshalb im Garten der Familie Blocksberg auf einem Sonnenstuhl.

„Oh, ist das heiß. Man kann sich gar nicht bewegen vor Hitze. Aber Moment mal! Ich könnte mir doch einen Swimmingpool hexen. Nur für ein paar Stunden. Und bevor Mami und Papi kommen, hexe ich alles wieder weg." Bibi muss einen Moment überlegen, bis ihr der richtige Hexspruch einfällt. Dann legt sie los. „Eene meene Kinderstuhl, im Garten steht ein Swimmingpool. Mit viel Wasser und ‚ner Dusche und ‚nem Brett für Springversuche! Hex-hex!"

Bibi ist begeistert. Ein riesiges Schwimmbecken steht mitten im Garten. Jetzt kann sie sich einfach ins kühle Wasser fallen lassen.

Natürlich bleibt Bibis Swimmingpool nicht unentdeckt. Die ersten Kinder, die am Haus der Blocksbergs vorbeikommen, bleiben stehen und sehen neidisch zu Bibi herüber. „Kommt doch auch rein", ruft Bibi, „hier ist genug Platz für uns alle". Das lassen sich die Kinder nicht zweimal sagen und springen auch ins Wasser. Schnell werden es immer mehr. Bald ist das Becken so voll, dass man sich nicht mehr darin bewegen kann. Nach kurzer Zeit wimmelt es in dem Garten vor Nachbarskindern, die einfach ihre Badetücher ausgebreitet haben und sich sonnen. Wie im Freibad sieht es aus. Bibi ist schon längst aus dem Wasser gestiegen, weil es ihr zu voll geworden ist.

Und langsam reicht es ihr: „Eene meene Meute, weg mit euch, ihr vielen Leute. Eene meene Schrecken, weg sei das ganze Becken! Hex-hex!"

Auf einmal ist der Swimmingpool verschwunden, und alle verlassen eilig den Garten. Bibi atmet auf, als keiner mehr da ist. Und bis Mutter Barbara und Vater Bernhard nach Hause kommen, sieht alles so aus, als wäre nichts passiert. Nur heiß ist es immer noch – und Bibi liegt wieder im Sonnenstuhl und sehnt sich nach einer Abkühlung.

Colakuchen

Für 1 Colakuchen braucht ihr:

Für den Teig
1/4 l Cola
250 g Butter
300 g Mehl
4 EL Kakao
250 g Zucker
2 Eier
1/8 l Buttermilch
1 TL Natron
100 g Marshmallows

Für den Guss
40 g Butter
3 EL Kakao
1/8 l Cola
250 g Puderzucker
1 Tüte Colafläschchen

Hier ist nicht nur Cola als Zierde drauf, sondern auch Cola drin. Wenn das kein cooler Kuchen für ein Treffen mit Freunden am Nachmittag ist!

Zubereitung:

● Gut schließende Springform (Ø 26 oder 28 cm) mit Backpapier auslegen, den Backofen auf 180 Grad/Umluft 160 Grad vorheizen.

● Butter in einem Topf schmelzen, die Cola dazuschütten, aufkochen und beiseite stellen.

● Mehl und Kakao in eine Rührschüssel sieben und mit Zucker mischen.

● Anschließend die heiße Flüssigkeit unter Rühren zugeben.

● Dann nacheinander Eier, Buttermilch, Natron und die Marshmallows unterrühren.

● Die Masse in die vorbereitete Form füllen und 70 Minuten auf mittlerer Schiene backen.

● Den fertigen Kuchen herausnehmen und auf eine Kuchenplatte setzen.

● Für den Guss Butter, Kakao und Cola unter ständigem Rühren aufkochen lassen.

● Die Masse von der Kochstelle nehmen und den Puderzucker einrühren, bis ein dicker Guss entsteht.

● Den Guss über den noch warmen Kuchen geben und Oberseite und Seitenränder damit bestreichen.

● Den Guss etwas abkühlen lassen und mit den Colafläschchen garnieren.

Schoko-Bananen-Muffins

Für 12 Muffins braucht ihr:

200 g Mehl
2 TL Backpulver
1/2 TL Natron
1/2 TL Zimt
3 EL Kakao
1 Ei
175 g braunen Zucker
100 ml neutrales Öl
(z.B. Sonnenblumenöl)
125 ml Buttermilch
3 reife Bananen

Habt ihr überreife Bananen im Haus, die keiner mehr essen will? Dann einfach ab in den Teig und leckere Muffins daraus gebacken.

Zubereitung:

- Eine Muffin-Backform ausfetten oder 12 Muffin-Papierförmchen bereitlegen. Den Backofen auf 160 Grad/Umluft 140 Grad vorheizen.
- Mehl, Backpulver, Natron, Zimt und Kakao vermischen und beiseite stellen.
- Das Ei verquirlen.

- In einer Schüssel den Zucker, das Öl und die Buttermilch mischen, das verquirlte Ei unterrühren.
- Die Bananen schälen, mit einer Gabel fein zerdrücken und unterrühren.
- Zuletzt die Mehlmischung unterheben.
- Den Teig gleichmäßig in die Muffin-Backform oder in die Papierförmchen füllen und 20 bis 25 Minuten auf mittlerer Backschiene backen.

Schön locker!

Damit Muffins schön locker werden, setzt man ihnen Backtriebmittel zu. In Amerika (der Heimat der Muffins) wird oft Backpulver in Kombination mit Natron verwendet. Wer kein Natron im Haus hat, kann dieses problemlos durch die gleiche Menge Backpulver ersetzen.

Süße Tischkarten

Für 4 bis 6 Tisch-karten braucht ihr:

200 g Butter
180 g Zucker
1 Päckchen Vanillezucker
3 Eier
220 g Mehl
100 g Stärkemehl
1/2 TL Backpulver
etwas Milch

Für Guss und Verzierung
200 g Vollmilchkuvertüre
200 g weiße Kuvertüre
Zuckerschrift
bunte Schokolinsen
bunten Streuzucker

Zubereitung:

- Den Backofen auf 180 Grad/ Umluft 160 Grad vorheizen und das Backblech mit Backpapier auslegen.
- Die Butter schaumig schlagen, bis sie Spitzen zieht.
- Anschließend Vanillezucker, Zucker und Eier unterrühren und so lange schlagen, bis eine Schaummasse entstanden ist.
- Mehl, Stärkemehl und Back-

Eine Tischkarte zum Verspeisen gibt es nicht alle Tage. Und nach dem Fest darf jeder Gast seine Tischkarte mit-nehmen – falls er sie nicht schon aufgegessen hat. Eurer Verzierungskunst sind hier keine Grenzen gesetzt.

pulver darüber sieben und unterrühren.
- Je nach Größe der Eier etwas Milch unterrühren.
- Den Teig auf das vorbereitete Blech streichen und 30 Minuten backen.
- Abkühlen lassen und je nach Anzahl der Festgäste beliebige Formen wie Rechtecke, Rauten, Kreise oder Dreiecke ausschneiden.
- Die Kuvertüre jeweils im Was-serbad schmelzen lassen (siehe Seite 35), die abgekühlten Karten damit überziehen und erkalten lassen.
- Mit Zuckerschrift die Namen auf die „Karten" schreiben und mit bunten Schokolinsen und dem Streuzucker verzieren.

Waffelturm

Für etwa 10 Stück braucht ihr:

4 Eier
200 g Butter
150 g Zucker
200 g Mehl
2 TL Backpulver
150 ml Milch
Fett für das Waffeleisen

Erdbeer-Sahne-Füllung für 10 Waffeln
2 Becher Schlagsahne
300 g Erdbeeren
Puderzucker

Bananen-Quark-Füllung für 10 Waffeln
500g Quark
3 Bananen
Akazienhonig oder einen anderen, flüssigen Honig

Zubereitung:

- Die Eier trennen (siehe Seite 53).
- Das Eiweiß zu Schnee schlagen und beiseite stellen.
- Butter schaumig schlagen, bis sie Spitzen zieht und anschließend abwechselnd

Das Schönste an Waffeln: ihr könnt sie mit jeder beliebigen Füllung servieren. Außerdem sind die Zutaten im Küchenschrank meist vorrätig, um selbst bei Überraschungsbesuch eine Menge zu backen. Zum Süßen reicht Puderzucker.

Zucker und Eigelb zugeben.
- So lange weiterschlagen, bis sich der Zucker aufgelöst hat.
- Mehl, Backpulver und Milch unterrühren und den Eischnee unterziehen.
- Da die Waffeln schnell durchweichen, zuerst die Füllung zubereiten und dann die Waffeln backen!

- Für die Erdbeer-Sahne-Füllung die Schlagsahne schlagen, die Erdbeeren sehr klein schneiden und mit der Sahne und dem Puderzucker vorsichtig verrühren.
- Für die Bananen-Quark-Füllung die Bananen schälen und mit der Gabel zu feinem Mus zerdrücken. Alles mit dem Quark und dem Akazienhonig verrühren.
- Die Waffeln im Waffeleisen backen, auskühlen lassen und nach Geschmack füllen.

Feine Käsewaffeln

Für etwa 10 Stück braucht ihr:

200 g Butter oder Margarine
4 Eier
1/2 TL Salz
200 g Mehl
1/2 TL Backpulver
60 ml lauwarmes Wasser
2 EL geriebenen Käse
edelsüßes Paprikapulver

Zubereitung:

- Das Fett, die Eier und das Salz mit dem Handmixer gut verrühren.
- Das Mehl sieben und mit dem Backpulver mischen.
- Abwechselnd das Mehl und Wasser in kleinen Portionen zugeben und weiterrühren.
- Zuletzt den geriebenen Käse hinzufügen.
- Den Teig mit Paprika abschmecken und sofort mit dem Backen beginnen.
- Achtung: Die Waffeln müssen auf kleiner Hitzestufe langsam backen!

Erfrischungs-stäbchen

Im Nu zusammengerührt ist diese Eismasse. Dann im Eisfach verstecken und geduldig warten. Kitzelt die Sonne auf der Haut, ist die Zeit für das selbst gemachte Joghurt-Eis gekommen.

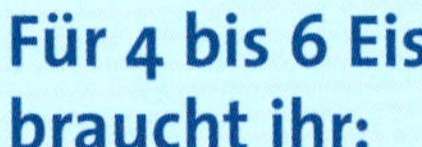

Zubereitung:

- Eiweiß vom Eigelb trennen (siehe Seite 53), mit dem Mixer steif schlagen und beiseite stellen.
- Naturjoghurt mit Zucker und Vanillezucker schaumig rühren.
- Das Eiweiß zugeben und kräftig weiterschlagen.
- Je nach Geschmack Nüsse, Obststückchen oder Schokoladenstückchen unterrühren.
- In Motivförmchen für Eiswürfel oder Stecker-Eisförmchen füllen und ins Tiefkühlfach legen.

Süße Burger

Das gibt viele Sahne-Bärte und Sahne-Nasen. Wer kann schon einer so leckeren Versuchung widerstehen? Richtig: keiner!

Für etwa 20 Burger braucht ihr:

Für den Teig
125 g Marzipan-Rohmasse
50 g Zucker
160 g Butterflöckchen
1 Eigelb (siehe Seite 53)
250-300 g Mehl

Für die Füllung
200 g Sahne
1 EL Zucker
Vanillezucker
250 g Mascarpone
2 EL Milch
350 g Beeren nach Jahreszeit (oder TK-Beeren)

Zubereitung:

● Das Marzipan in einer Schüssel zerbröseln.
● Den Zucker, die Butterflöckchen, das Eigelb und das Mehl unterrühren und alles zu einem glatten Teig verarbeiten.
● Den Teig zugedeckt 30 Minuten ruhen lassen.
● Zwei Backbleche mit Backpapier auslegen und den Backofen auf 180 bis 190 Grad/Umluft 160 bis 170 Grad vorheizen.
● Den Teig in 40 Portionen teilen und jeweils zu einem runden Plätzchen, 3-4 mm dick, Durchmesser etwa 10 cm, ausrollen.
● Die Teigplätzchen auf das Backblech legen und etwa 10 Minuten goldgelb backen.
● Völlig erkalten lassen.
● In der Zwischenzeit die Sahne mit Zucker und Vanillezucker steif schlagen. Mascarpone und Milch verrühren und unter die Sahne ziehen.
● Die Beeren waschen und verlesen.
● Die Creme gleichmäßig auf 20 Plätzchen verteilen, ebenso die Beeren, und jeweils ein zweites Plätzchen obenauf setzen.

Tipp

Mascarpone kann durch Quark ersetzt werden.

● Sofort verzehren, da die Creme sonst durchweicht!

Tierisches Früchtefondue

Für 4 Personen braucht ihr:

etwa 250 g Obst pro Person nach Jahreszeit und Belieben
(z. B. Erdbeeren, Stachelbeeren, Bananen, Aprikosen, Pfirsiche, Melonen, Mandarinen, Orangen, Kiwi)

Für die Joghurtsoße
300 g Naturjoghurt
100 g Crème fraîche
2 EL geriebene Mandeln
1/2 TL abgeriebene Zitronenschale
1–2 EL Zucker

Für die Schokosoße
200 g Sahne
1 EL Zucker
1 EL Schokoladen-Instant-Pulver
3 EL geriebene Schokolade

Für die Erdbeersoße
250 g reife, süße Erdbeeren (oder TK)
2 EL Apfeldicksaft oder flüssiger Honig
200 g Frischkäse

Für die Vanillesoße
1 Päckchen Vanillesoßenpulver
1/2 l Milch
2 EL Zucker

Die Soßen reichen jeweils für 4 Personen.

Zubereitung:

- Das Obst waschen, schälen, putzen und zum Dekorieren zuschneiden.
- Achtung: Obst, das an der Luft braun wird, mit Zitronensaft beträufeln.
- Auf dem Servierteller die Obststückchen dekorieren. Zum Beispiel Schmetterlinge: eine Erdbeere vierteln und zwei Ananas-Stückchen als Flügel legen. Biene: Banane halbieren und in Stücke schneiden. Mit Schokoladen-Soße oder Kuvertüre Streifen aufspritzen und Mandelsplitter als Flügel aufsetzen. Raupe: kleine Kugeln aus Melone (Melonenschneider) herausschneiden oder Trauben hintereinander legen. Käfer: eine Erdbeere halbieren und so schnitzen, dass zwei Flügelhälften entstehen, die mit Schokoladentupfen verziert werden.

● Für die Joghurtsoße alle Zutaten verquirlen und mit der abgeriebenen Zitronenschale (siehe Seite 34) und dem Zucker abschmecken.

● Für die Schokosoße Sahne, Zucker und Kakaopulver halbfest schlagen und die geriebene Schokolade unterrühren.

● Für die Erdbeersoße alle Zutaten in einem Mixer pürieren.

● Für die Vanillesoße ein Päckchen Vanillesoßenpulver nach Anweisung zubereiten.

● Soßen je nach Geschmack heiß oder kalt servieren.

Schokoladen-Trunk

Für 4 Becher braucht ihr:

110 g feinste zartbittere Schokolade
1 l Milch
Mark einer Vanilleschote
30–40 g Zucker
4 EL Schlagsahne
etwas Raspelschokolade
zum Verzieren

Das darf bei keinem Nachmittags-Klatsch fehlen: heiße Schokolade. Darauf einen Klecks Schlagsahne. Hm – lecker!

Zubereitung:

- Die Schokolade in Stücke brechen, in etwas Milch erhitzen und schmelzen.
- Die restliche Milch, das Vanillemark und den Zucker einrühren und kurz aufkochen lassen.
- Die Schlagsahne mit dem Handmixer steif schlagen.
- Das fertige Getränk auf 4 große Becher verteilen und jeweils mit einem Klecks Schlagsahne und Raspelschokolade verzieren.

Der kleine Unterschied

- Vanillezucker ist echt – Vanillinzucker dagegen künstlich. Beim echten handelt es sich um Zucker, der mit gemahlener Vanille gemischt wurde. Ihr könnt statt der fertigen Mischung auch reine gemahlene Vanille aus dem Bioladen oder Reformhaus verwenden. Nehmt dann statt einem Päckchen Vanillezucker immer $1/2$ Teelöffel echtes Vanillepulver. Der künstliche Vanillinzucker ist mit Vanillin (Aroma) versetzt und viel preisgünstiger.
- Wenn ihr frische Vanille verwendet, schneidet die sehr schmale Vanilleschote der Länge nach auf und kratzt das Innere vorsichtig heraus. Noch schneller zum frischen Vanillegeschmack kommt ihr, wenn ihr die Schote der Länge nach aufschlitzt und mitkocht. Vor dem Servieren müsst ihr dann nur die Schote herausnehmen.

Eisiger Früchtetee

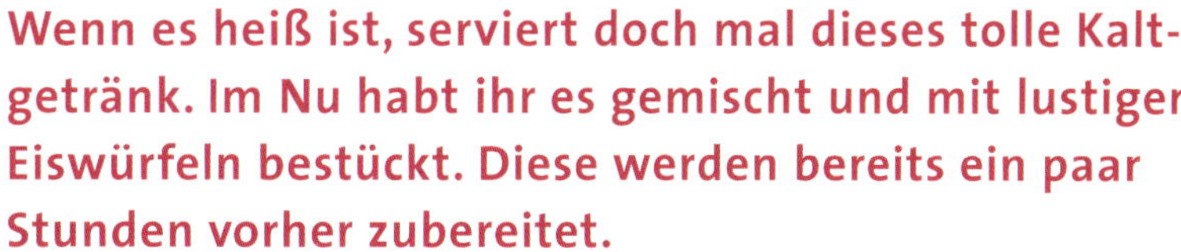

Für 4 Gläser braucht ihr:

1 l gekühlten, leicht gesüß-
ten Früchtetee
Saft von 3 Orangen
Saft von 1 Zitrone
Obst nach Wahl für die
Früchtespieße

Wenn es heiß ist, serviert doch mal dieses tolle Kalt-
getränk. Im Nu habt ihr es gemischt und mit lustigen
Eiswürfeln bestückt. Diese werden bereits ein paar
Stunden vorher zubereitet.

Zubereitung:

- Den Tee mit dem Saft der Früchte verrühren.
- In Gläsern anrichten.
- Ein paar Stunden vorher ver-
schiedenfarbige Obstsäfte in
Motiv-Eiswürfelformen ge-
frieren lassen und diese in die
Gläser geben.
- Für die Spieße Obst
nach Wahl in Stücke
schneiden und auf-
spießen. Einige
Obststücke und die
Eiswürfel direkt in die Gläser
geben.

Gut vorbereitet

Am besten ist es, wenn ihr
immer eine reichliche Anzahl
Fruchtsaft in Motiv-Eiswürfelformen gefrieren lasst. So
habt ihr stets einen Vorrat
und seid auf jeden Überra-
schungs-Sommer-Gast vor-
bereitet.

Hextricks

Zugegeben, Bibi ist eine Junghexe und muss noch sehr, sehr viel lernen. Manches Mal kann sie es aber gar nicht abwarten, bis sie die Kunst des Hexens etwa so wie Runzia oder Walpurgia beherrscht. Aber auch für Nicht-Hexen gibt es ein paar einfache Experimente, mit denen ihr eure Freunde tief beeindrucken könnt!

Eierhexerei

Wie schält man ein rohes Ei? Ihr könnt das Unmögliche fertigbringen, wenn ihr ein Ei über Nacht in einen Glasbehälter mit Essig legt. Am nächsten Morgen oder Nachmittag ist das Ei schalenlos und schwimmt wabbelig weich herum. Legt ihr es zum Trocknen auf ein Tuch, könnt ihr es später vorsichtig herumreichen.

Flaschentrick

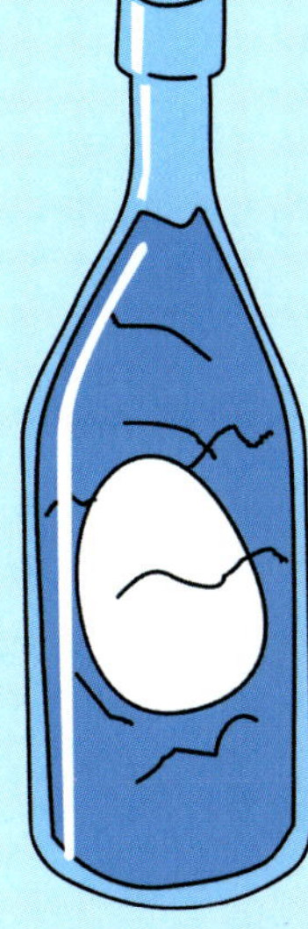

Wenn ihr das „geschälte" Ei zum Trocknen einen Tag lang an einen sicheren Ort legt, schrumpelt es ein, sodass es durch einen Flaschenhals passt. Am Tag vor eurer Aufführung lasst ihr das Ei dann in die Flasche gleiten und füllt sie mit Wasser auf. Das Ei pumpt sich wieder auf und wird sogar doppelt so groß wie vorher. Wenn das kein cooler Trick ist! Da werden sogar eure Lehrer Augen machen.

Postkartentrick

Wetten, dass ihr durch eine Postkarte passt? Wie das geht? Faltet eine Postkarte, wie abgebildet, einmal in der Länge und schneidet sie ein. Zieht das Papier vorsichtig auseinander und steigt durch.

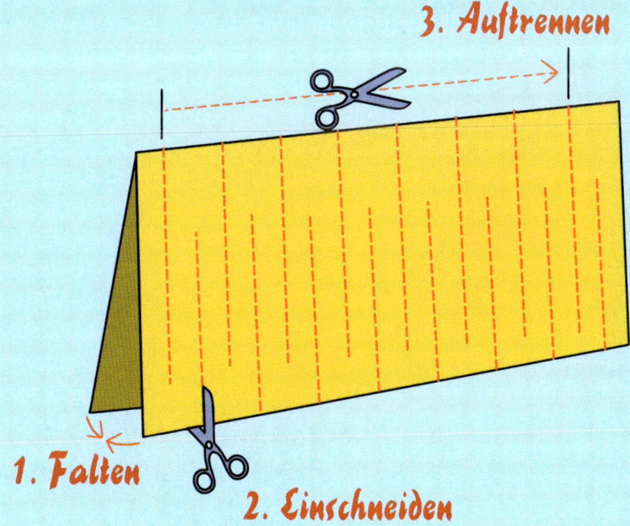

NZ

Kapitel 5

Ein Abendessen für den Herrn Bürgermeister

Bibi sitzt zu Hause, da klingelt plötzlich das Telefon. Es meldet sich Karla Kolumna: „Hallöchen, Bibi. Komm schnell zu mir ins Pressehaus. Ich muss dir etwas Wichtiges erzählen!" Sofort setzt sich Bibi auf Kartoffelbrei und fliegt ins Pressehaus. „Hallo, Frau Kolumna. Was gibt es denn Dringendes?" „Bibi, stell dir vor, der Bürgermeister will sich ein Haus in der Stadt kaufen, und zwar ausgerechnet das Haus, in dem Marco seine Pizzeria hat. Und der soll natürlich ausziehen." Bibi ist entsetzt: „Aber das ist ja furchtbar, wo doch jeder weiß, dass Marco die beste Pizza von ganz Neustadt macht! Wir müssen unbedingt mit dem Bürgermeister sprechen." „Ich habe schon alles versucht", sagt Karla. „Der lässt nicht mit sich reden. Wir müssen uns irgendetwas einfallen lassen, wie wir ihn umstimmen können."

„Ich hab's", sagt Bibi. „Marco soll dem Bürgermeister seine leckerste Pizza backen. Wenn der Bürgermeister die dann isst, wird er auf keinen Fall die Pizzeria schließen lassen. Kommen Sie, Frau Kolumna, wir fliegen sofort zu ihm!"

Marco sitzt traurig auf einem Stuhl vor seiner Pizzeria, als Bibi und Karla neben ihm landen. „Hören Sie, Marco", sagt Karla, „Sie müssen uns Ihre beste Pizza backen, und zwar sofort." Etwas verdutzt ist Marco schon, macht sich aber gleich an die Arbeit.

Mit der dampfenden Pizza kommt er bald aus der Küche. Jetzt ist Bibi gefragt: Sie muss noch ihren Kartoffelbrei verstärken. Und schon sagt sie den Hexspruch: „Eene meene Katzenschrei, mein Besen ist so stark wie drei. Eene meene mei, flieg los, Kartoffelbrei! Hex-hex!"

Bibi, Karla und Marco landen mitten im Amtszimmer des Bürgermeisters. Dieser schreckt erstaunt hoch. „Wir haben Ihnen Ihr Abendessen mitgebracht", sagt Bibi. „Das ist Marcos Pizza Speciale. Versuchen Sie ein Stück und sagen Sie dann, dass Sie die Pizzeria immer noch schließen wollen." Eigentlich möchte der Bürgermeister noch etwas erwidern, doch die köstlichen Pizzadüfte sind ihm schon in die Nase gestiegen. Sofort greift er nach einem Stück. In kürzester Zeit hat er die ganze Pizza verspeist. „Das war ja fantastisch." Der Bürgermeister strahlt. „Ich werde anordnen, dass es ab heute jeden Tag im Rathaus Pizza von Marco gibt. Und die Pizzeria wird natürlich nicht geschlossen." Alle freuen sich, und nun strahlt auch Marco übers ganze Gesicht.

Tomaten-Kessel

Für 2 bis 3 Portionen braucht ihr:

1 Dose Tomaten (480 g)
$^1/_2$ l Gemüsebrühe
2 Frühlingszwiebeln
2 EL Olivenöl oder jedes andere Öl
20 g Mehl
Salz und Pfeffer
30 g Butter
3 Scheiben Weißbrot oder Toastbrot
Zucker
edelsüßes Paprikapulver
100 g Schlagsahne

Zubereitung:

- Die Tomaten mit dem Saft pürieren und mit der Brühe zu 1 Liter auffüllen.
- Die Zwiebeln putzen, waschen und in feine Ringe schneiden.
- Das Öl erhitzen und darin die Zwiebel glasig dünsten.
- Mit Mehl bestäuben und ebenfalls kurz andünsten.

Gegen eine heiße Suppe ist besonders an kalten Tagen nichts einzuwenden. Wenn ihr so richtig verfroren von draußen kommt, ist diese leckere Tomatensuppe genau das Richtige.

- Die Tomatenbrühe zugießen, aufkochen und einige Minuten köcheln lassen.
- Inzwischen die Butter in einer Pfanne erhitzen, das Weißbrot würfeln und darin goldgelb rösten.
- Die Suppe mit den Gewürzen und Salz und Pfeffer abschmecken.
- Die Sahne unterziehen.
- Die fertige Suppe mit den gerösteten Weißbrotwürfeln bestreuen.
- Käsefans dürfen natürlich eine ordentliche Portion Parmesan darüber streuen!

Kürbissuppe

Für 1 bis 2 Portionen braucht ihr:

150 g Kürbisfleisch
$^1/_2$ Zwiebel
1 Lorbeerblatt
$^1/_2$ TL Butter
$^1/_4$ l Gemüsebrühe
Majoran
Salz und Pfeffer
1 mittelgroße Kartoffel
1 kleines Stück Knollensellerie
1 kleine Karotte
1 TL Sahne

Das darf in keiner Hexenküche fehlen: eine riesige Kürbisschüssel. Und am besten schmeckt daraus diese feine Kürbissuppe. Statt der Schüssel könnt ihr aus dem Kürbis natürlich auch ein gruseliges Gespenst schnitzen.

Zubereitung:

● Kürbis und Zwiebel schälen, fein würfeln und in Butter andünsten.

Gesunder Koloss

Kürbis eignet sich bestens für die leichte Küche, weil er fast ausschließlich aus Wasser besteht. Aber er hat es auch in sich, denn sein Kaliumanteil fördert die Regulierung des Wasserhaushalts und sein Anteil an Vitamin A ist gut für die Sehkraft und stärkt Haare, Nägel und Haut.

● Lorbeer, Majoran, Pfeffer und Gemüsebrühe dazugeben und zugedeckt 30 Minuten garen.
● Kartoffel, Sellerie und Karotte schälen, würfeln und zur Suppe geben, bis der Kürbis weich ist.
● Alles nochmals 5 Minuten ziehen lassen.
● Das Lorbeerblatt aus der Suppe nehmen.
● Die Suppe pürieren und mit Salz, Pfeffer und der Sahne abschmecken.
● Dazu schmeckt Schwarzbrot mit Kräuterbutter.

Spaghetti-Toast

Aus Toastbrot könnt ihr mit den passenden Zutaten so manchen lustigen Snack zubereiten. Nudeln, Salami oder Ananas gewünscht? Kein Problem! Käsescheibe drauf, in den Ofen rein und fertig ist das Schnellgericht.

- Inzwischen den Schinken fein würfeln.
- Das Tomatenmark unter die Frühlingszwiebeln rühren, den Schinken und die Spaghetti zugeben und alles mit den Gewürzen abschmecken.
- Zuletzt die Petersilie und etwa die Hälfte des geriebenen Käses unterrühren.
- Die Toastbrote kurz unter den Grill (oder in einen Toaster zum Überbacken) schieben, herausnehmen, umdrehen und darauf die Spaghetti verteilen.
- Alle belegten Brote mit Käse bestreuen und 3 bis 4 Minuten überbacken.
- Die fertigen Toasts mit den Oliven als Augen, dem Ketchup als Mund und der Petersilie als Haare zu einem Gesicht garnieren.

Zubereitung:

- Die Toastbrote auf ein Backblech legen und den Grill auf 220 Grad/Umluft 200 Grad vorheizen.
- Die Frühlingszwiebeln schälen und in feine Ringe schneiden.
- Das Öl in einer Pfanne erhitzen und die Frühlingszwiebeln darin dünsten.

Hawaii-Toast

Für 4 Toasts braucht ihr:

4 Scheiben Toastbrot
4 Scheiben Katenschinken
oder jeden anderen
Schinken
4 Scheiben Ananas (frisch
oder aus der Dose)
4 Käsescheiben

Diese Kombination ist der Inbegriff für die Bezeichnung „Hawaii": Schinken, Ananas und Käse. Egal ob auf Brot, mit Nudeln oder Reis. Bestimmt, weil es auf Hawaii ganz viele dieser leckeren Ananas-Früchte gibt.

Zubereitung:

- Den Backofen auf 200 Grad/ 180 Grad Umluft vorheizen.
- Die Toastbrote auf ein Back- blech legen.
- Den Schinken auf die Toast- brote legen.
- Die Ananas jeweils in die Mitte auf den Schinken legen.
- Jedes belegte Brot mit dem Käse zudecken.
- Alle Brote im Backofen 10 bis 15 Minuten garen.

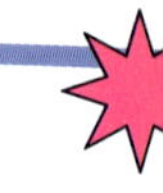

Starkmach-Omelette

Ein Omelette mit frischem Gemüse, Pilzen und Kräutern lässt den Tag gut und lecker ausklingen.

Zubereitung:

- Die Eier mit der Milch, den Gewürzen und den Kräutern verquirlen.
- Die Champignons waschen und in Scheiben schneiden.
- Öl in einer Pfanne erhitzen.
- Die Eiermasse einfüllen und kurz stocken lassen.
- Dann die Champignons und den Blattspinat darauf verteilen. Die Herdplatte ausschalten und alles stocken lassen.
- Das Omelette in der Pfanne mit dem Käse bestreuen.

Spinat-Irrtum!

Immer wieder werden eure Eltern Spinat mit der Behauptung auf den Tisch bringen, dass er einen sehr hohen Anteil an Eisen habe und deshalb sehr gesund und ein wahrer Kraftspender sei. Das mit dem Eisen ist aber ein Irrtum, denn bei der Analyse im Labor gab es einen Komma-Fehler! Trotzdem ist Spinat ein leckeres und vielseitig einsetzbares Gemüse und wirklich gesund. Und was gesund ist, macht stark!

- Dazu passt ein knackiger Salat oder ein leckeres Vollkornbrot.

Betthupferl-Omelette

Für 1 Omelette braucht ihr:

150 g Himbeeren
10 g Butter
1 TL Zucker
1 großes Ei
2 EL gemahlene Haselnüsse
30 g Mehl
2 EL Milch

Noch eine süße Leckerei zum Abend gefällig? Ein kleiner Tipp: Dieser Pfannkuchenteig eignet sich auch hervorragend zum Backen von Waffeln, wenn ihr dem Ganzen noch einen Teelöffel Backpulver hinzufügt.

● Einen Deckel auf die Pfanne legen und das Omelette fertig garen.

● Nicht vergessen: Nach so einem süßen Betthupferl eine Minute länger als sonst die Zähne putzen!

Zubereitung:

● Das Ei trennen (siehe Seite 53) und das Eiweiß mit dem Handmixer zu Schnee schlagen.

● Die Butter schmelzen, den Zucker einrühren und das Eigelb zufügen.

● Die Nüsse fein mahlen und mit dem Mehl und der Milch unterrühren.

● Zum Schluss vorsichtig den Eischnee unterheben.

● Die Masse in eine Pfanne geben und nicht zu heiß backen.

● Nach der Hälfte der Garzeit die verlesenen und geputzten Himbeeren auflegen und das Omelette zusammenklappen.

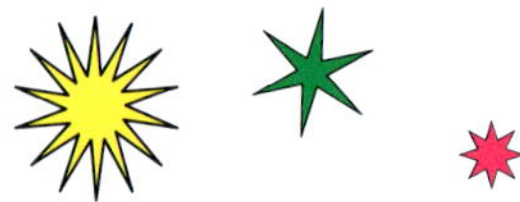

Dipper-Sticks

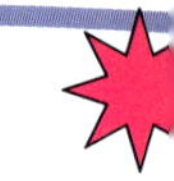

Das braucht ihr:

Für die Sticks
pro Person im Durchschnitt
etwa 250 g Gemüse, z.B.
1 rote Paprikaschote
1 gelbe Paprikaschote
1 grüne Paprikaschote
1 orangefarbene Paprika-
schote
2 Karotten
1 Bund Radieschen
1 Kohlrabi
1 Salatgurke
Rote Bete
und Gemüse nach Wahl

Für den Joghurtdip
250 g Naturjoghurt
3 EL Schnittlauchröllchen

Für den Quarkdip
200 g Quark
Mineralwasser
Essig
Akazienhonig oder anderen
flüssigen Honig
Salz und Pfeffer

Für den Majodip
150 g Naturjoghurt
2–3 EL Majonäse (evtl. selbst
gemacht, siehe Seite 51)
$\frac{1}{2}$ TL Tomatenmark
$\frac{1}{2}$ TL mittelscharfen Senf
1 EL gehackte Küchen-
kräuter
etwas Essig
Salz und Pfeffer
Prise Zucker

Zubereitung:

● Das Gemüse waschen, put-
zen und in Stifte schnei-
den. Vorsicht bei der
Roten Bete: Die
färbt leicht ab und
Flecken lassen sich
aus der Kleidung nur
schwer entfernen!
● Für den Joghurtdip
Joghurt und Schnittlauch
verrühren, mit Zitronensaft,
Salz, Pfeffer und Zucker
abschmecken.
● Für den Quarkdip Quark mit
Mineralwasser glatt rühren.
Alles mit Essig, Akazienhonig,
Salz und Pfeffer abschmecken.
● Für den Majodip alle Zutaten
verquirlen. Zuletzt mit Essig,
Pfeffer, Salz und Zucker
abschmecken.

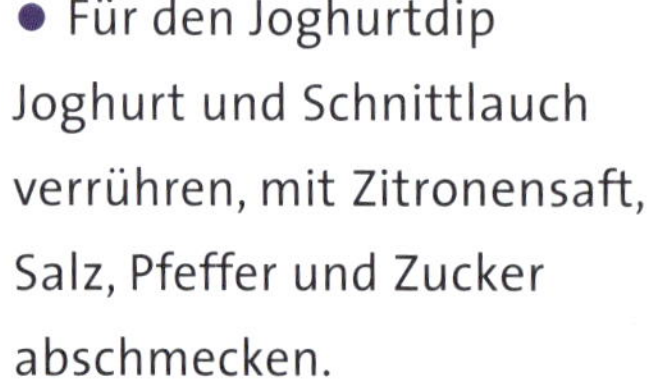

Gemüsemisch-masch auf Brot

Für 4 Portionen braucht ihr:

1 großes Baguette
3 Zucchini
je 1 gelbe, rote und grüne Paprikaschote
4 Fleischtomaten
Olivenöl für die Pfanne
3 EL italienische Kräuter
1 Knoblauchzehe (wer's mag)
Pfeffer, Salz
1 Beutel Mozzarella

Zubereitung:

- Den Backofen auf 180 Grad/ Umluft 160 Grad vorheizen. Das Baguette in Scheiben schneiden und auf ein Backblech legen. Zucchini, Paprika und Tomaten putzen, waschen und würfeln.

- Das Öl in einer Pfanne er-hitzen und das Gemüse darin anbraten. Achtung: das Ganze darf nicht kochen!

- Kräuter und die durchge-drückte Knoblauchzehe unter-rühren und mit Salz und Pfeffer abschmecken. Den Mozzarella fein würfeln und unterheben.

- Die Gemüsemischung auf den Baguettescheiben verteilen und 8 bis 10 Minuten backen, bis der Käse zerläuft.

Knuspriges Geflügelkikeriki

Rechtzeitig vorbereitet und mit dem richtigen Hexspruch serviert, könnt ihr mit diesem Rezept durchaus ein Hexdiplom erreichen.

Zubereitung:

● Den Backofen auf 200 Grad/ Umluft 180 Grad vorheizen.

● Eine feuerfeste Form mit Öl ausstreichen.

● Die Hähnchenkeulen kalt abspülen und mit Küchenkrepp trockentupfen.

● Dann alle Keulen mit Öl bestreichen und mit Salz, Pfeffer und dem Paprikapulver würzen.

● Alle Keulen nebeneinander in die Form legen und im Backofen etwa 30 Minuten braten. Dabei immer wieder wenden.

● Die Hähnchenkeulen sind gar, wenn beim Einstechen mit einem spitzen Messer oder einer Rouladennadel nur noch klarer Saft austritt.

● Die fertigen Hähnchenkeulen mit je einer Papiermanschette versehen und mit den Zitronenspalten und der Petersilie garnieren.

● Dazu passen Baguette, gesunde Salate (siehe Seiten 51, 86 und 87), aber natürlich auch Pommes frites und Ketchup.

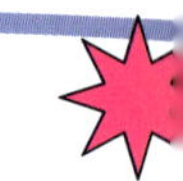

Käse-Apfel-Parade

Nicht nur lecker, sondern auch noch gesund! Nicht nur als Abendessen ein echter Hit, sondern auch ein prima Salat für die nächste Sommerparty.

Für 4 Portionen braucht ihr:

4 große, säuerliche Äpfel
(z. B. Boskoop)
2 EL Zitronensaft
100 g Emmentaler oder
anderen Käse
200 g Lachsschinken oder
jeden anderen Schinken
2 Gewürzgurken
Petersilie

Für das Dressing
1 EL Essig
50 g Naturjoghurt
50 g Crème fraîche
1 TL Senf
1 TL geriebenen Meerrettich
1 TL flüssigen Honig
Salz und Pfeffer
1 EL Öl

Zubereitung:

● Die Äpfel waschen, schälen, halbieren und das Kerngehäuse herausschneiden.

● Die Apfelhälften in feine Streifen schneiden und in einer großen Schüssel mit Zitronen-saft beträufeln, damit die Äpfel nicht braun werden.

● Den Käse, den Schinken und die Gewürzgurken in Streifen schneiden oder würfeln.

● Die Petersilie gründlich unter fließendem Wasser waschen, trockenschütteln und fein hacken oder wiegen.

● Für das Dressing Essig, Joghurt, Crème fraîche, Senf, Meerrettich und Honig gut verrühren.

● Alles mit Salz und Pfeffer abschmecken.

● Die Apfelstreifen in dem Dressing etwa 10 Minuten ziehen lassen.

● Den Emmentaler, die Schin-kenstreifen und die Gewürz-gurkenwürfel unterheben.

● Zuletzt das Öl untermischen.

● Alles mit der Petersilie bestreuen.

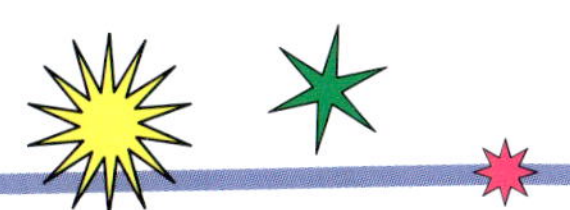

Süßsaurer Salatzauber

Für 4 Portionen braucht ihr:

500 g Chinakohl
100 g Feldsalat
100 g Karotten
200 g frische Ananas
(notfalls aus der Dose)
1 Zwiebel
3 EL Apfelessig
Salz und Pfeffer
Zucker
3 EL Rapsöl oder jedes
andere Öl
3 EL gemischte Kräuter

Und noch ein Salat! Vitamine könnt ihr nie genug verspeisen. Habt ihr bei den übrigen Mahlzeiten des Tages eher weniger Gemüse oder Obst verdrückt, bietet sich jetzt am Abend eine letzte Chance, alles nachzuholen.

Zubereitung:

- Die Blätter des Chinakohls dicht am Wurzelende abtrennen, gründlich waschen und trockentupfen.
- Die Blätter aufeinander legen und in Streifen schneiden.
- Den Feldsalat putzen  und mehrmals in stehendem, kaltem Wasser waschen, absieben und trockenschleudern.
- Die Karotte waschen, schälen und grob raspeln.

- Die Zwiebeln schälen und in feine Ringe schneiden.
- Die Ananas in feine Scheiben schneiden.
- In einer Tasse aus Essig, Pfeffer, Salz, Zucker, Öl und Kräutern ein Dressing anrühren.
- Die Salate und die Ananas in eine Schüssel geben und das Dressing vorsichtig unterheben.

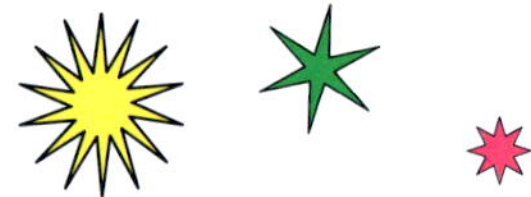

Kräuterquark mit Kartoffelbuletten

Pellkartoffeln mit Kräuterquark kennt ihr sicher alle. Wie wär's mal mit leckeren Kartoffelbuletten dazu? Für den Quark braucht ihr auf jeden Fall frische Kräuter, das schmeckt einfach viel besser.

Für 4 Portionen braucht ihr:

Für die Kartoffelbuletten
800 g Kartoffeln
80 g durchwachsenen Speck
1/2 Bund Frühlingszwiebeln
1/2 Bund Schnittlauch
Fett zum Braten
50 g Semmelbrösel
80 g geriebenen
Emmentaler Käse
2 Eier
Pfeffer, Salz

Für den Kräuterquark
250 g Quark
4 EL Milch
Salz, Pfeffer
etwas Zitronensaft
verschiedene gehackte
Kräuter (z. B. Schnittlauchröllchen, Petersilie)
1 kleine Zwiebel (wer's mag)

Zubereitung:

- Die Kartoffeln waschen, in Salzwasser garen, noch warm pellen (dann löst sich die Schale besser) und erkalten lassen.
- Den Speck in feine Würfel schneiden und in etwas Fett glasig braten. Frühlingszwiebel in feine Ringe schneiden und dazugeben. Den Schnittlauch in Röllchen schneiden (das geht ganz prima mit einer Küchenschere) und ebenfalls dazugeben.
- Die Kartoffeln grob reiben und mit den Semmelbröseln und dem Käse mischen. Die Eier, Pfeffer und Salz ebenfalls daruntermischen. Die Masse zu flachen Buletten formen, in Semmelbröseln wenden und bei mittlerer Hitze in Fett braten.
- Für den Kräuterquark Quark, Milch und Zitronensaft verrühren. Die gehackten Kräuter und feine Zwiebelwürfelchen darunterrühren. Mit Salz und Pfeffer abschmecken.

Kleine Kräuterkunde

Pfefferminze

Pfefferminze kennt ihr mit Sicherheit und hauptsächlich als Tee. Aber auch als Gewürz finden die frischen oder getrockneten Blätter immer mehr Liebhaber. Pfefferminze lässt sich einsetzen als Gewürz für Lamm- oder Hammelbraten oder für gedünstetes Gemüse. Bei zu langer Lagerung verliert Pfefferminze seinen Wirkstoffgehalt und seine Würzkraft und sollte deshalb nicht länger als ein Jahr aufbewahrt werden.

Thymian

Der echte Thymian stammt aus dem westlichen Mittelmeergebiet. Schon im Altertum wurde er für kultische Zwecke verwendet.
Als Gewürzpflanze wurde er erst im Mittelalter entdeckt. Die Blätter des Thymians eignen sich insbesondere zum Würzen von Fleisch mit dunklen Soßen, Wild, Kaninchen sowie zum Würzen von Käse, Salaten und gedünsteten Gemüsegerichten.

Basilikum

Basilikum wurde erst im 16. Jahrhundert aus Indien und dem Iran nach Europa gebracht. Zum Würzen von Salaten, Pilzen, Kräuterbutter, Tomatensoße und Pizza werden in erster Linie die frischen Blätter verwendet. Getrocknetes Basilikum hält sich, wenn es gut aufbewahrt wird, bis zu einem Jahr.

Schnittlauch

Schnittlauch ist ein Zwiebelgewächs. Man kann ihn nicht nur im Garten, sondern sehr gut auch im Balkonkasten oder im Winter in einem Blumentopf in der Küche sprießen lassen. Zum Würzen eignen sich nur die dünnen jungen Stängel, die reich an Vitamin C sind. Als Schnittlauchröllchen, die sehr schnell mit einer Schere geschnitten sind, streut man ihn über gekochte Speisen. Alle Gerichte, die man mit Zwiebeln zubereitet, können stattdessen auch mit Schnittlauch verfeinert werden. Besonders gut passt er zu Quark, Kräuterbutter, Eierspeisen, Rahmsoßen, Suppen oder frischen Gemüsesalaten. Sehr gut schmeckt Schnittlauch auf einem schlichten Butterbrot.

Pfeffer

Pfeffer steht für „scharf". Es gibt schwarzen und weißen Pfeffer. Schwarzer Pfeffer wird aus den noch unreifen Pfefferbeeren gewonnen, die in der Sonne getrocknet werden. Gemahlener Pfeffer verliert schnell sein Aroma, deshalb sollte man ihn erst kurz vor seinem „würzenden Einsatz" mit einer Pfeffermühle mahlen.

Blaubeerflecken

Für 10 bis 15 Stück braucht ihr:

700 g Blaubeeren (frisch oder TK)
4 Eier
400 g Mehl
1 Prise Salz
3/4 l Milch, je nach Eiergröße
Zucker zum Bestreuen
Fett zum Ausbacken

Auch abends darf es mal was Süßes sein. Wer schon einmal Blaubeeren gesammelt hat, weiß, wie lange es dauert, bis ein Schälchen voll ist. Umso besser schmecken dann die selbst gemachten Blaubeerpuffer. Wer nicht selbst sammeln will, kann die Blaubeeren zum Glück auch kaufen.

Zubereitung:

- Die Blaubeeren verlesen, waschen und vorsichtig in einem Geschirrtuch trockenreiben.
- Die Eier trennen (siehe Seite 53).
- Den Eischnee steif schlagen und beiseite stellen.
- Das Mehl in eine Schüssel sieben und mit Salz mischen.
- Die Eigelb und die Milch von der Mitte aus nach und nach dazugeben und glatt rühren. Der Teig sollte dick vom Löffel fallen.
- Den Eischnee vorsichtig unterheben.
- Das Fett in einer Pfanne erhitzen.
- Kleine dicke Pfannkuchen zuerst anbacken lassen, dann mit Blaubeeren und Zucker bestreuen, Deckel schließen.
- Die Pfannkuchen vorsichtig wenden und bei schwacher Hitze fertig backen, der Zucker sollte karamellisieren. Gleich servieren und genießen.

Empfindliche Früchtchen!

Alle Beeren sind in der Regel sehr vorsichtig zu behandeln, denn sie werden leicht matschig. Das gilt für den Transport wie für das Putzen der Beeren. Es empfiehlt sich das Aufbewahren in kleinen Schälchen oder Körbchen, sodass Luft rankommt. Beim Waschen und Verlesen das Grünzeug dranlassen und am besten in einem Abtropfsieb nur leicht abbrausen. Erst nach dem Trockentupfen die Blätter entfernen.

Versteckte Kirschen

Hier ist gut Kirschen essen. Der Teig dieses Auflaufs lässt sich auch zum Pfannkuchen verwandeln, wenn ihr ihn mit etwas Öl in der Pfanne backt.

Für 1 Portion braucht ihr:

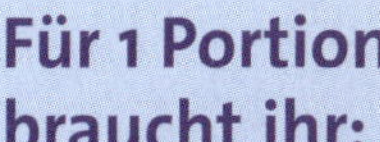

3 TL flüssigen Honig
1 Ei
50 g Weizenvollkornmehl
(Type 1050)
4 EL Milch
150 g Sauerkirschen (frisch
oder aus dem Glas)
Butter zum Ausfetten
1 TL Kokosraspel

Zubereitung:

- Den Honig und das Ei schaumig schlagen.
- Nach und nach Mehl und Milch unterrühren. Der Teig sollte etwas dickflüssiger sein als üblicher Pfannkuchenteig. Ansonsten noch etwas Mineralwasser unterrühren.

- Den Teig 20 Minuten ausquellen lassen.
- Die Kirschen waschen und entsteinen oder abtropfen (Glas) lassen.
- Auflaufform dünn mit Butter ausfetten, den Teig einfüllen und das Obst auf dem Teig verteilen.
- Den Auflauf bei 175 Grad/ Umluft 160 Grad etwa 40 Minuten ausbacken.
- Den fertigen Auflauf mit Kokosraspeln verzieren und lauwarm servieren.

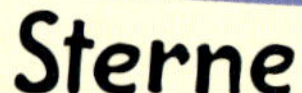

Sternenkunde

Bibi hat heute viel erlebt und Spaß gehabt. Was gibt es Schöneres, als in den Nacht-
himmel zu schauen, die Sternbilder zu suchen und Sternschnuppen zu beobachten?
Wie gut kennt ihr euch am Firmament aus? Benennt die Sternbilder richtig.
(Lösung: Seite 94)

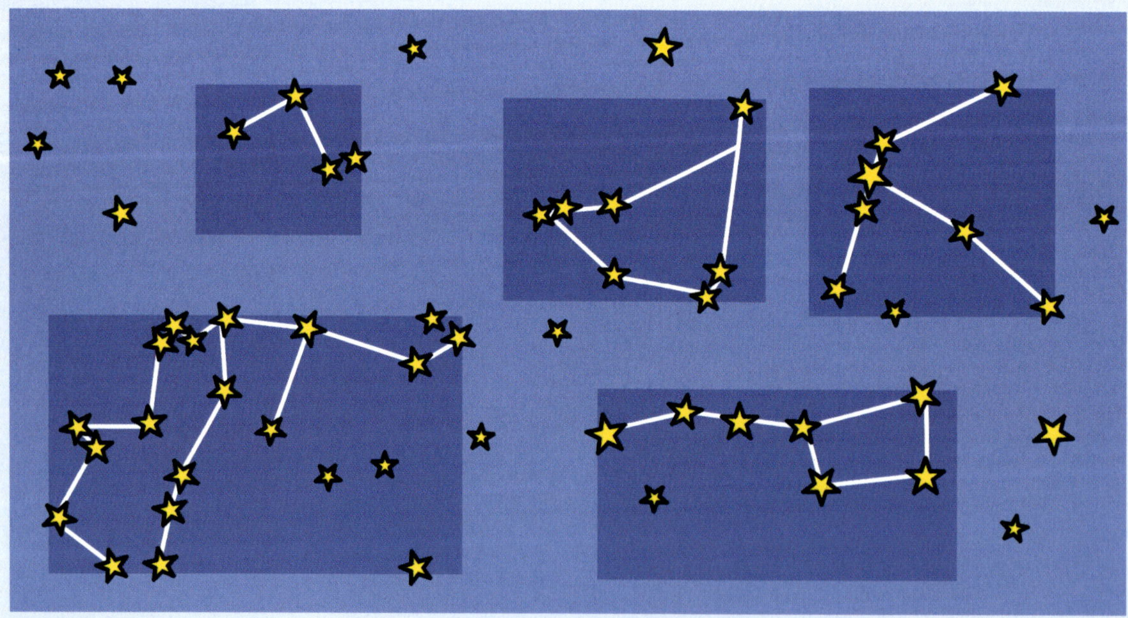

Sternzeichen

Sicher wisst ihr, dass jedem Monat ein Sternzeichen zugeordnet ist. Man sagt jedem Sternzeichen ganz bestimmte Eigenschaften nach. In der Tabelle könnt ihr nachschauen, welches Sternzeichen zu euch gehört.

Geburtstag		Sternzeichenname
22. Dezember bis 20. Januar		Steinbock
21. Januar bis 19. Februar		Wassermann
20. Februar bis 20. März		Fische
21. März bis 20. April		Widder
21. April bis 20. Mai		Stier
21. Mai bis 21. Juni		Zwillinge
22. Juni bis 22. Juli		Krebs
23. Juli bis 23. August		Löwe
24. August bis 23. September		Jungfrau
24. September bis 23. Oktober		Waage
24. Oktober bis 22. November		Skorpion
23. November bis 21. Dezember		Schütze

Lösungen

Seite 22/23
Ganz schön durcheinander!

Zeit	Montag	Dienstag	Mittwoch	Donnerstag	Freitag
07.00 Uhr	Englisch	Werken	Deutsch	Deutsch	Mathe
07.55 Uhr	Geschichte	Werken	Biologie	Zeichnen	Musik
08.50 Uhr	Deutsch	Mathe	Erdkunde	Mathe	Englisch
09.45 Uhr	Mathe	Turnen	Turnen	Erdkunde	Geschichte
10.30 Uhr	Pause	Pause	Pause	Pause	Pause
11.00 Uhr	Musik	Biologie	Englisch	Turnen	Deutsch

Wie ist es richtig?
Der falsche Hex-Spruch lautet:
Eene meene Rumpelzahn – verhexe schnell den Stundenplan! Hex-hex!

Schulexpress oder Schneckenpost?
Bibi fliegt natürlich auf ihrem Besen Kartoffelbrei in die Schule.

Seite 36/37
Große, weite Welt!

Berlin (1) London (2) Paris (3) Moskau (4)
New York (5) Madrid (6) Tokio (7) Istanbul (8)
Rom (9) Pretoria (10) Sydney (11) Peking (12)

Wer ist wer?
Von links nach rechts sind Marita, Florian, Moni, Schubia Wanzhaar und Flauipaui erstarrt.

Seite 56/57
Wer mag was?
Damit es allen schmeckt, gibt es Nudeln mit Schweinebraten und zum Nachtisch Bananen.

Wie viele?
Eingekauft wurden: 8 Pilze, 3 Eier, 2 Zitronen, 3 Karotten, 4 Flaschen mit leckeren Getränken, 2 Gurken, 1 Tomate, 6 Erdbeeren, 2 Äpfel und 3 Himbeeren.
Und mittendrin sitzt eine Maus.

Seite 92/93
Sternenkunde

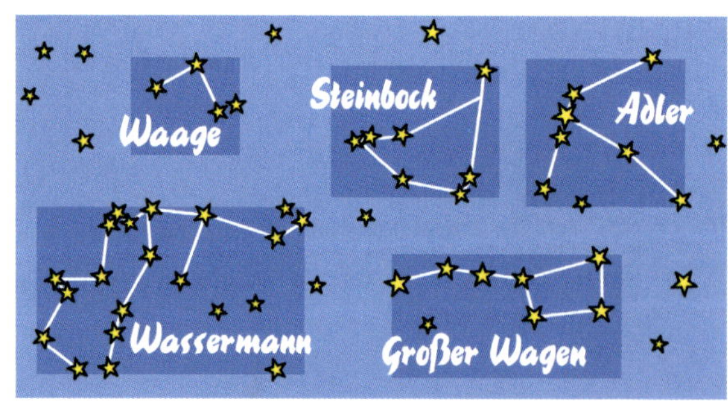

Rezepte, Geschichten, Spiel und Spaß

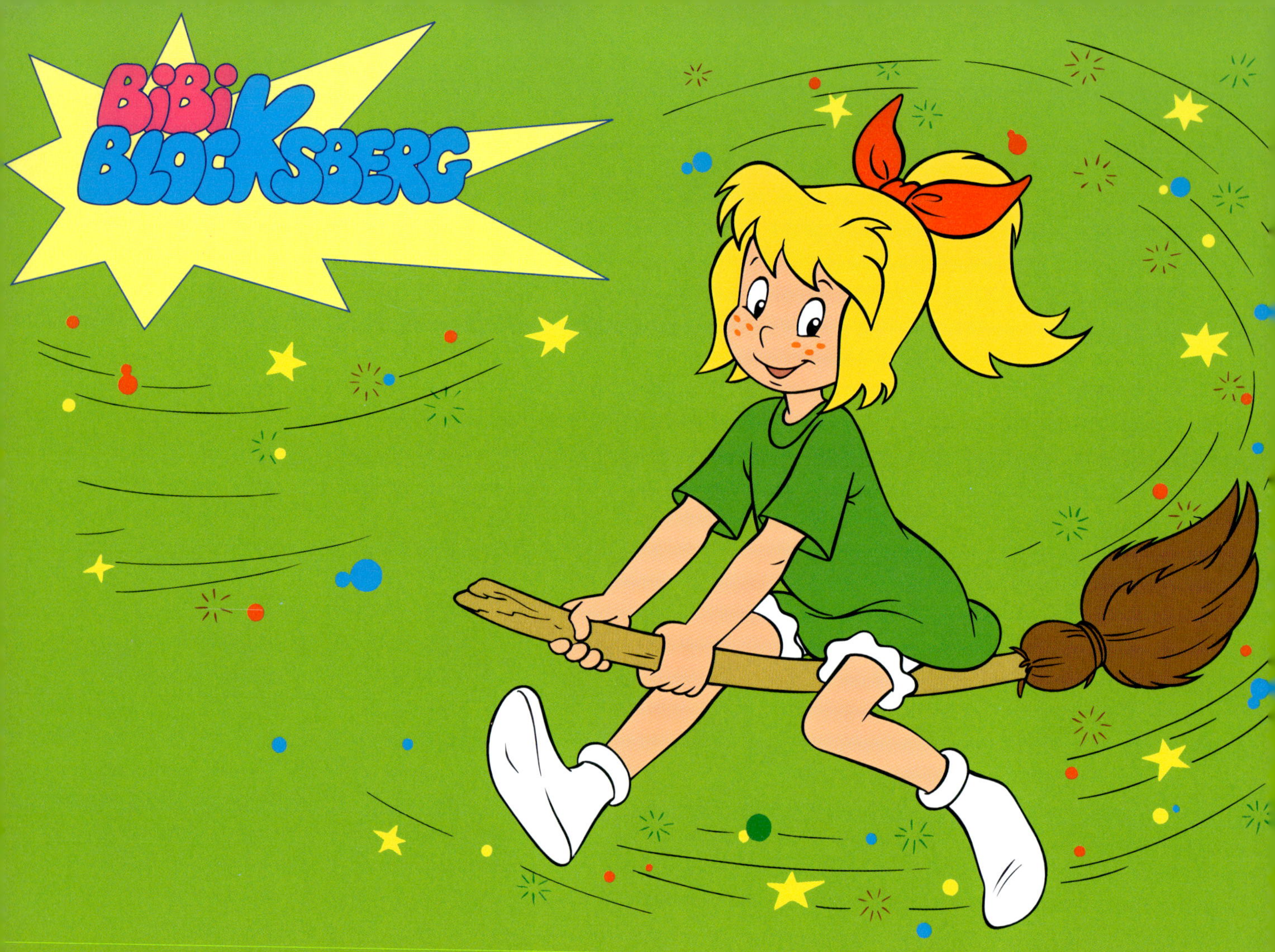

BiBi BLOCKSBERG
SPIELEN MIT BIBI 
SPIELE, PUZZLES UND PLÜSCH.
BiBi BLOCKSBERG
Das verflixte
HEXKRAUT
Spiel
Ein Spiel von
Beatrice Melendez
Würfelei,
Spaß mit Hexerei.
Schmidt
Spiele
Eene
meene
BiBi BLOCKSBERG
Hex-hex!
Von Stefan Dorra.
Schmidt
Spiele
Schmidt
© 2001 KIDDINX Studios, Berlin

Salz